クラウドファンディングで人生が変わる！

6人の成功ストーリー

川辺友之 著

セルバ出版

はじめに

こんにちは。株式会社パーシヴァル代表取締役ＣＥＯの川辺友之です。

私は２０１１年にクラウドファンディング（以下ＣＦと表記します）の存在を知ってから、これまで３００件のプロジェクトをプロデュースし、トータル約1億３０００万円もの資金調達を達成しました。

ＣＦとは、インターネットを通して多くの人に呼びかけ資金調達をし、支援者に対してリターン（お返し）をするシステムです。CAMPFIRE（FAAVO）大阪支部の運営を行い、ＣＦをより多くの人に知ってもらうため、「まちカレッジ」というセミナーや勉強会を開催したり、弊社が認定した「アンバサダー」というＣＦアドバイザーたちと共に、ＣＦをしてみたいけれど、何から始めたらいいかわからない…という方たちのご相談に乗ったりしています。

最近は「CrowdTeam（クラウドチーム運営会社：特定非営利活動法人クラウドファンディングプロデューサー協会）」というサイトも立ち上がっています。「クラウドチーム」は、ＣＦでプロジェクトを実行したい人と、ＣＦに関わりたい人、手伝いたい人を引き合わせるマッチングサイトです。

本書を手にされたあなたは、少なくともＣＦという名前を聞いたことがある方だと思います。では、ＣＦについてどんなイメージをお持ちでしょうか？　寄付を募る感覚の資金調達の手段だと思われますか？

確かにＣＦであなたが必要な資金を得ることは可能です。ところが本来は、資金調達だけで終わるものではないのです。あなたの夢を中心とした仲間ができ、共感も得られます。そして得られた資金を基にあなたが行動すれば、支援してくれた人々、つまりあなたとあなたの夢に共感した人々は、あなたのファンになります。そこからあなたの夢はさらに大きく広がっていくことでしょう。まず、何のためにＣＦをするのかを明確にし、長期的なビジョンで継続できる事業の仕組みを考えましょう。ＣＦでは、資金よりも大切な、「ファン集め」ができるのです。

あなたにもできるはずです。私はＣＦを通して、夢を叶えた人たちを多く見てきましたし、私もその1人です。

ＣＦと出会って、借金数十億円のどん底から這い上がることができた私の実例は、「序章」で詳しく述べてみたいと思います。

本書は、「ＣＦをしてみたいが、本当にやるべきか迷っている」そんなあなたを後押ししたくて書きました。もし本書を読んでもわからないことや、実際にプロジェクトを立ち上げたものの行き詰まってしまうことがあれば、気軽にご相談ください。ＣＦで夢を実現させようとしている仲間として、アンバサダーやクラウドチームの会員が力になります。

本書では、前半でＣＦについて、後半では「クラウドチーム」について述べています。また、ＣＦをより身近に感じてもらい、行動するモチベーションを持っていただけるよう、体験者の実例も紹介しています。

インターネットの世界では、大企業も個人も平等です。銀行から融資を募れない小企業や個人でも、共感を集めて大きな夢を叶えることができるのです。そのためのツールであるＣＦを是非活用してみましょう。

ではまず、序章で私の奇跡的とも言える実例をお読みください。

本書が、あなたの夢を叶えるお役に立てれば幸いです。

２０２０年５月

川辺　友之

クラウドファンディングで人生を変える！　６人の成功ストーリー　　目次

第2章　クラウドファンディング（CF）成功の秘訣【基本編】

第3章　空中戦と地上戦の戦い方【中級編】

第4章　クラウドファンディング（CF）の前と後【上級編】

第5章　「クラウドチーム」がクラウドファンディング（CF）の課題を解決する【発展編】

第6章　実際にCAMPFIREでクラウドファンディング（CF）ページをつくってみよう

第7章　全国のクラウドファンディング（CF）仲間アンバサダーの紹介

序章

クラウドファンディング（CF）で人生が変わった「川辺友之の人生」

ネットビジネス記事が原点

「はじめに」で少しお伝えしましたが、ここでは数十億円の借金地獄からCFを通して人生を逆転させた、私自身の体験を述べます。

私はもともとインターネットビジネスを本業としていたわけではありません。1952年に大阪の谷町で私の祖父、川辺友一が創業した紳士服メーカーの3代目です。

大阪の谷町は「紳士服」の街として戦後の高度経済成長と共に大きく発展しましたが、今では紳士服店や縫製工場はほぼなくなってしまいました。もし私がCFと出会わなかったら、きっと弊社も生き残れていなかったでしょう。

というのもバブル崩壊後、200人もの従業員を抱える弊社の事業は急激に悪化、なんと借金が数十億円に。それまで大手紳士服店などに卸していた事業の方向を変えるよりほかに方法がありませんでした。

そんな私に大きなヒントをくれたのが、1996年に日本経済新聞の片隅にあった記事です。米国のエレクトロニック・コマース、ネットビジネスについて書かれたその記事が、今の私の原点です。

この記事の要点は「インターネットの出現で個人個人、1人ひとりのパワーが大きくなり、1人ひとりがネット上で力を合わせることで、大きな企業と同等に張り合えるようになる」というもの。

私は「凄い！　インターネットで世の中が大きく変わる！」と感動し、インターネットを活用したビジネスをやると決心しました。

【図表１　ネットビジネスの記事】

(平成8年)12月10日(火曜日)　13版　(10)

(9)　[国際2]　13版　【第三種郵便物認可】

世界の潮流

買い手、ネット上で結託

価格を支配、上昇抑える

米経済がインフレなき拡大を続けている。どうやらネットワーク革命に伴う買い手と売り手の力関係の変化が、それに一役買っているらしい。売り手が価格支配力を失い、買い手がネット上で結託、価格を支配する。「バイヤーズ・カルテル」時代の到来である。

定価の１―３割引き

ある女性が自動車ディーラーを訪れる。フォード・トーラスの価格は一万九千五百ドル。「これを一万六千ドルで売ってちょうだい」。怪訝（けげん）そうな表情のセールスマンに彼女はいう。「あら十六台まとめて買うことをいい忘れたかしら」。

この女性はインターネットで同好の志を募り、交渉力を飛躍的に高めた。カルテルは供給者だけの言葉ではなくなる。ニコラス・ネグロポンテ・マサチューセッツ工科大学（ＭＩＴ）教授が「ワイヤード」誌にこんな話を書いている。

これは架空の話だが、もはや作り話ではない。現実にこの女性の役割を果たす企業や組織が、次々と出現しているからだ。

代表格は「仮想商店」のアマゾン・ドット・コムだろう。実際には店舗を持たない。消費者をネット上で巨大な購買パワーにまとめあげ、定価より一割から三割安い価格で、書籍を会員に提供する。創業一年で利益の出る体質を確立。同社を模したサイバー（仮想）ビジネスがあらゆる分野で登場し、メーカー－卸し－小売りという多段階流通を揺さぶる。

消費者の購買力を結集した企業が台頭する下地が米国にはある。ワシントンに本拠を置く全米退職者協会（ＡＡＲＰ）。三千五百万人の会員を抱え、米最大の圧力団体と称されるが、「政治力ばかりが誇張されている。多くの会員はディスカウントが目当て」と、同協会のトーマス・オトウエル氏は明かす。

オンラインで調達

会員誌「モダン・マチュリティ」の発行部数は二千二百万部。実はＴＶガイドを上回り、全米で最大の雑誌だ。自動車、健康器具などの安売り情報を満載し、廉価での医薬品配送サービスの利用を訴える。

発行部数2200万部を誇る「モダン・マチュリティ」

米保険医療費の伸びに急ブレーキがかかり始めた。ＡＡＲＰのような個人の会員組織に加え、大企業を会員に引き込んだ健康医療団体（ＨＭＯ）が勢力を拡大。買い手のパワーが価格上昇の抑止力になった。

ゼネラル・エレクトリック（ＧＥ）のジャック・ウエルチ会長は、昨年から再三、市場で浮上するインフレ懸念に対し「価格の上昇圧力はない」といい続けてきた。市場は経営者の利上げけん制発言と受け取ったが、産業の実態を見据えた上での本音だろう。

ＧＥは今、情報ネットを使って購買部門を革新し、大幅なコストダウンを目指している。二万二千の取引業者をインターネットで結び、年間で十億ドルをオンライン調達する。この計画は産業界全体に大きな衝撃を与えている。企業の電子商取引は今始まった話ではないが、エレクトロニック・コマース（電子商取引）が新局面に入った象徴的な出来事と受け止めたからだ。

電子取引2000年に100倍

「ダウンサイジングの焦点は、雇用から調達に移った」。ニューヨークタイムズ紙はいう。自動車業界から小売りにいたるまで、企業は購買コスト削減を最重点テーマにあげ、取引先を洗い直し、価格が折り合わなければ、長いつきあいのある取引先でも容赦なく切る。

インターネットでは、電子マネーやブラウザー（検索ソフト）戦争に目を奪われがちだが、変革の主舞台は企業間取引である。調査会社のフォレスター・リサーチによれば、企業間の電子取引は二〇〇〇年に、現在のおよそ百倍の六百六十億ドルに膨らむ。爆発的な電子商取引の拡大が、取引形態や企業の競争力をどう変えるのかに、もっと目を向けるべきかもしれない。

米企業には価格を尺度に世界中の企業から購入する伝統がある。それが国際調達基準の普及とネット化によって一気に開花しようとしている。系列という濃密な関係を軸に取引関係を作った日本企業はますます劣勢に回るだろう。

かつての価格破壊は生産者と小売りという供給者間の綱引きだった。しかし、今、価格を巡って起きていることは、消費者から企業間取引までを巻き込んだはるかに大規模な変革のような気がする。

（米州総局編集委員　野村裕知）

１９９９年にネット通販に参入。小売販売で売上を順調に伸ばし、２００８年には東京の表参道にショップをオープンするまでに至りました。

実店舗のほうはなんとか順調に売上を伸ばしますが、クリック広告やバナー広告などの広告費がかさみ、結局は赤字。悩みながら新しい情報を探していたとき、２０１１年にＣＦを知りました。「これだ！」という確信があったものの方法が全くわからず、２年間ほど悶々としていました。

２０１３年７月、FAAVO 本部のＣＦセミナーが大阪の堺であり、それを受講したセミナー仲間に「地域密着型のＣＦ【FAAVO】ってあるで」と教えてもらいいました。

その後、定期的にＣＦについての勉強会を開催し情報交換し合い、満を持して、その仲間たちと共に FAAVO（後の CAMPFIRE）大阪支部の運営に２０１４年３月より乗り出したのです。

購入型ＣＦに挑戦して倒産回避

２０１４年、私自身も初めての購入型ＣＦに挑戦し、この時の商品「真田幸村スーツ」で、倒産寸前だった会社を蘇らせることができました。ところが実は「真田幸村スーツ」は、FAAVO 大阪支部の運営を開始した当初からあったわけではありません。
最初は FAAVO 大阪支部のサイトを盛り上げるため、当時大阪の天王寺で開催される予定だった「真田幸村博」のＣＦを実行してもらうため、主催側の代表者である天王寺区長に Facebook からコンタクトを取りました。区長は面談を快諾いただき、その面談で生まれたアイデアが「真田幸村

【図表２　型紙ファンド＝クラウドファンディング】

型紙ファンド＝クラウドファンディング

FAAVO大阪

「型紙ファンド」ができないか、を考えていた
⇒お客様に先に5万円×10人＝50万円
この50万円で先に新デザインの型紙を作り
5万円を出してくれたお客様に新スーツをお返しする

【図表３　真田幸村スーツプロジェクト募集画面】

FAAVO

プロジェクトをはじめる　さがす　検索ワードで探す　FAAVOを運営する

現代サラリーマンの甲冑！真田幸村スーツで大阪の縫製業界を盛り上げたい！

大阪　ものづくり・デザイン

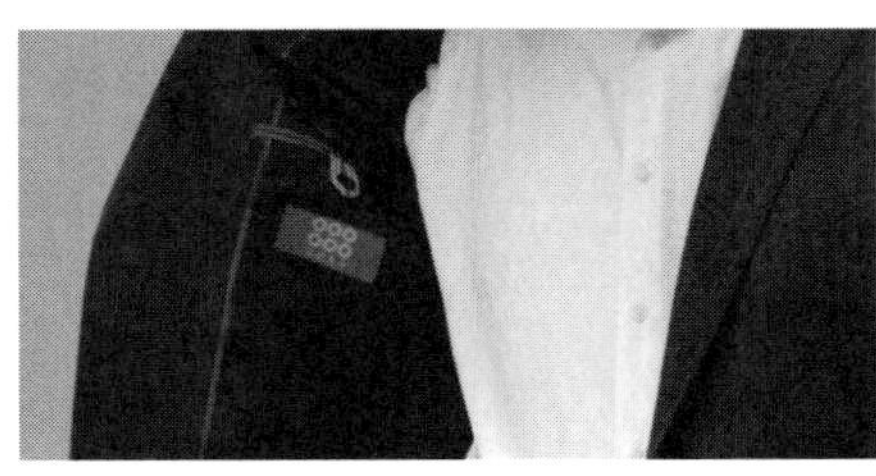

集まっている金額
2,459,000円（目標500,000円）

達成率　支援者数　残り
491%　56人　終了しました

同じエリアのプロジェクトを見る

このプロジェクトは成立しました！

スーツ」だったのです。

この経験からも私はＣＦには常に、アイデアを出し合い、意見をもらえる仲間やチームが必要だと感じています。

「真田幸村スーツプロジェクト」の土台に「型紙ファンド」という発想がありました。

支援金は50万円を目標にしましたが、幕を閉じてみれば目標金額の４９１％、２４５万９０００円も集まりました。

このプロジェクトがなぜこんなに成功したのか、想像できますか？

・商品の発想がよかった。
・需要のある商品だから。
・歴史あるアパレルメーカーの信頼できる商品だから。
・クラウドファンディング FAAVO でのプロジェクトの提案の仕方がよかった。

もちろんどれもが正解です。

「真田幸村スーツ」は、細部まで拘りが詰まった商品です。真田家の家紋である「六文銭」と不惜身命の言葉をタグに入れました。また甲冑などの武具を赤色で揃えていた真田家の伝統に従い、コントラストとして赤を配色しています。フロントと袖ボタンは「六文銭」をあしらった特別仕様で袖にはボタンを6つ配置。さらにジャケットの内ポケットの留め具とパンツの内側のすべり止めに「真田紐」を使用するなど、とにかくスペシャルなスーツなのです。

プロジェクト成功のための秘密

ただ、商品力を高める以外にもプロジェクトを成功させるために私が行っていたことがあるのです。その秘密を公開しましょう。

①天王寺区役所の「真田幸村博」とタイアップ

私の場合、商品のアイデアも天王寺区役所とのコンタクトから生まれました。他の企業や個人とタッグを組むことでよりよいアイデアが生まれ、拡散力も高まります。

②サンプルを1着作成

ＣＦでプロジェクトを実行するには、サンプルが1着のみあれば、ＯＫなのです。

ＣＦでは支援・購入をしてくれたお客様のためだけに生産をすればよい「受注生産」が可能になります。先に在庫を持たなくてもよいのでメーカーにとってはとても助かるシステムなのです。

③人脈を駆使してアピール

Facebookなどのｓｎｓやリアルな人脈を通してＣＦに挑戦していること、商品をＰＲしました。

④プレスリリースを作成し情報発信

テレビや新聞などのメディアにプレスリリースを書き、送りました。運よくテレビ番組などで取り上げられました。

⑤説明会やセミナーを実施

ＣＦの説明会に登壇させていただき、私のプロジェクトについてリアルに直に面と向かって話す機会がありました。

⑥表参道にあるノービアノービオ南青山店に支援者が来店

ＣＦでの支援をきっかけに実店舗が東京になることを知ってもらい、ＣＦ支援者に来店いただけます。ＣＦで新しい顧客との出会いがあります。新規顧客をＣＦで開拓し、来店いただき、ファンになってもらい、何度も来店いただくリピーターになってもらうこともできます。広告費をかけて新規顧客開拓する必要がありません。

ＣＦを実行することで告知、宣伝になるわけです。自社の新商品が世の中に受け入れてもらえるか、もらえないか、受けるか、受けないかのテストマーケティングをお金をかけないで実行することができて、少しお金も入ってくるプロモーションなのです。

これらがＣＦを成功させるために私が行ったことです。いかがですか？　最も重要なポイントは、ここだと言えます。

ＣＦは、プラットフォームに掲載されたままほったらかしではなく、あなたが行動すればするほど、よりよい結果が得られるものです。もし例え希望の資金が得られなくて失敗に終わったとしても、その過程で得られる人脈は必ず次に繋がります。

武将スーツ第６弾まで

「真田幸村スーツプロジェクト」で成功を収めた後のことも少しご紹介しましょう。

【図表４　武将スーツを取り上げる記事】

武将スーツの特徴

	武将	主な ゆかりの地	アピールポイント
第1弾	真田幸村	長野県、和歌山県、大阪府	赤い甲冑にちなみ、黒地に赤のライン
第2弾	織田信長	愛知県、滋賀県	「天下布武」の朱印のワッペン
第3弾	北条氏康	神奈川県	内ポケットに箱根寄木細工のボタン
第4弾	島津義弘	鹿児島県	家紋「十字紋」のワッペン
第5弾	石田三成	滋賀県	逸話「三献の茶」にちなんだお椀形ボタン
第6弾	上杉謙信	新潟県	旗印「毘」「龍」の縫い取り

武将スーツ 天下取り

子孫が協力 家紋や特産品取り入れ

歴史ファンから注文殺到

戦国武将をモチーフにした男性用オーダースーツを、大阪市の紳士服メーカーが次々に商品化している。平成26年に第1弾となる「真田幸村スーツ」を発売して以降、全国の歴史ファンから注文が舞い込み、今では武将スーツを年2本のペースで展開。今月1日には第6弾の「上杉謙信スーツ」も登場し、進出地は全国に広がってきた。

販売しているのは大阪と東京に店舗を構える「NFL」（大阪市北区）。製作費はインターネットを通じて資金を募る「クラウドファンディング」で調達している。商品開発にあたっては武将の子孫に協力を仰いだり、ゆかりの地の特産品を取り入れたりして、単なる武将グッズとはひと味違う特徴にこだわってきた。

「家紋や筆跡の使用は、他の紳士服メーカーがまねできない」とNFLの川辺友之社長（46）は語る。

謙信スーツ開発では上杉家の流れをくむ旧米沢新田藩の9代目当主、上杉孝久さん（65）＝東京在住＝と会い、協力を得た。裏地に家紋（竹に雀）や戦場で旗印として掲げた毘沙門天の「毘」と「龍」の字を縫い上げ、謙信が治めた新潟の特産品「小千谷ちぢみ」のポケットチーフをあしらった。

「北条氏康スーツ」には神奈川県小田原市の「箱根寄木細工」をボタンに採用するなど、それぞれのスーツに伝統工芸の技を生かし、地場産業を支援する思いを込めた。購入者の大半は、ゆかりの地の住民と全国の歴史ファンで占めるという。

すぐに武将スーツ第２弾として「織田信長スーツ」でＣＦをしましました。次に「真田幸村シューズ＆シャツ」、「石田三成スーツ」など、武将スーツは第６弾まで作成し、新聞などで取り上げられ、どれも想像以上の好評を得ました。

商品１つひとつにオリジナルの拘りがあります。武将の子孫の協力を得て、家紋やゆかりの地の特産品を商品に取り入れ、表面だけの武将グッズと一線を画しています。

この頃の私のモチベーションは、もう倒産しそうな自社を救うためではありませんでした。ＣＦをすることによって、商品作成やＰＲの段階で知り合える方々、支援してくださる方々の共感が糧となり、紳士服の街として栄えた谷町や商品ゆかりの地を盛り上げられる喜びに駆られていました。

この産経新聞の記事を関西テレビ「ウラマヨ」スタッフに読んでいただけて、なんと「ウラマヨ」へのテレビ出演のオファーがきました！　テレビに出演し、弊社の当時の大変な会社の様子を再現ドラマにしてくれて、約30分間放映されました。やはりテレビの効果は大きく、次のお店の営業日にテレビを見てくれた沢山のお客様にご来店いただき、いつもの10倍ほどの売上をいただきました！　とても嬉しかったです。

この喜びをより多くの人に体感してもらいたくてアパレル事業とは別に株式会社パーシヴァルを立ち上げ、ＣＦを世の中に広めるために日々努めています。

ＣＦのメリット

ＣＦのメリットは、次のとおりです。

①宣伝、告知ＰＲ、プロモーションになる

新聞掲載やテレビ出演の可能性がある。

②テストマーケティングになる

世の中に自社の商品・サービスが受けるか、受けないかを試してみることができる。

③先に資金を頂け、リターンは後でよい

④新しい顧客、仲間との出会いがある

では、この先からはＣＦでプロジェクトを実行するにあたって、知っておきたい具体的なことを章ごとに分けて記載していきます。

第1章　クラウドファンディング（CF）とは

1　クラウドファンディング（CF）の種類

クラウドファンディング（CF）はリターンの内容で3つに分けられる

CFは、リターンの内容によって「購入型」「寄付型」「金融型」の3種類に分けられます。

まずは本書でメインとしてご紹介する購入型。商品やサービスなどをリターンとします。例えば、開発中の商品の製作費を募り、集まった資金で製作し、できた商品をリターンとするものなどです。

次は寄付型です。寄付型CFは、支援者が寄付控除を受けることができるもの。つまり、CF実行者が地方自治体・市町村、認定NPO法人、公益財団法人、公益社団法人、社会福祉法人、学校法人、お寺・神社・宗教法人や病院の場合が寄付型CFになります。

「購入型」「寄附型」の2つは、リターンが現金ではない非金融型と呼ばれるものです。

一方、リターンが現金であるCFは、金融型と呼ばれ、更に「株式型」「融資型」「ファンド型」に分かれます。

金融型は本書では詳しくは書きません。リターンがお金や株式などを返すので、金融商品となり、その免許がないと運営はできません。

簡単に説明しましょう。まず株式型。ベンチャー企業などの非上場企業に投資するもの。普通の株の売買と異なりインターネットを通して、上場していない「未公開株」を少額から購入できます。

【図表５　谷町スーツ復活ファンド】

ハイリスクハイリターンの投資と言えるでしょう。

もう1つは融資型です。「矢野経済研究所」によると、国内のＣＦによる調達額は２０１８年度に２０００億円を超え4年で10倍近くに拡大。このうちの9割を占めるのが、融資型ＣＦです。支援者が1～2年間、お金を預けると4～7％の利子が得られるというプロジェクトが多いです。融資型ＣＦ会社には「ロードスターキャピタル」や「クラウドポート」があります。

最後にご紹介するのは、ファンド型。事業投資型とも呼ばれます。投資家や出資者は、支援した会社の売上に応じたリターンを受け取ります。ハイリスク、ハイリターンの金融商品的なものです。

実は私は２０１４年に「ファンド型」で自ら資金調達にチャレンジしたことがあります。

「セキュリテ」という「ミュージックセキュリティーズ株式会社」が運営するサイトで「谷町スーツ復活ファンド」を立ち上げ１５００万円を調達しました。

リターンは元本と配当です。5年間に渡り、１５００万円を売上の計画比の割合で元本と配当を弊社の投資家さんへ返済しました。正直、色々な意味で大変な経験をさせていただきました。

本書の趣旨は「購入型ＣＦ」ですので、金融型ＣＦにご興味がある方や詳しく知りたい方はメールなどでお問い合わせください。

2　クラウドファンディング（ＣＦ）の歴史と近年の動向

ＣＦの原型は17世紀に存在

近年急激に利用者が増えているＣＦ。インターネットを使ったツールということもあり、新しいシステムだと思われがちです。ところがＣＦの原型となるものは、なんと17世紀には既に存在していたのです。

当時活躍した詩人で編集者だったイギリス人のジョン・テイラー氏は、１５０冊以上もの書籍を出版しています。その出版方法というのが、書籍の企画書をつくり寄付を募り、印刷費用が集まったところで出版するというもの。１６００以上もの人が寄付をしたと言われています。書籍に寄付をしてくれた人の名前を記載するというリターンもありました。

その他ＣＦの原型としてよく知られる話では、アメリカの自由の女神像の建築があります。自由の女神建設中の１８８４年、自由の女神像製作委員会の資金不足を知った新聞記者のジョーセフ・

ピューリツァーが、自身が経営する新聞社の新聞ニューヨーク・ワールドで自由の女神像の台座建設の資金を募りました。すると６か月で12万５００人もの人々から10万ドル近くもの寄付が集まりました。

因みに女神の像の部分は、フランスで制作され、多くのフランス人たちが製作費を寄付しました。

日本のＣＦの歴史

日本でのＣＦの歴史は、平安時代の末期にまで遡ります。重源という僧侶が、源平合戦で焼失した東大寺の再建のために技術者を集めて職人を指導し、同時に資金集めの寄付も募ったと言われています。重源の活動が日本でのＣＦの起源としてよく知られていますが、本当はもっと昔から書面で残されていないようなものがあったのかもしれません。

インターネットを利用した現在のＣＦは、２０１１年の東日本大震災をきっかけに確立されました。復興支援が目的のＣＦが広がったのです。２０１１年３月に日本初のＣＦサービス会社「READYFOR」が立ち上がり、その後次々と様々な会社のＣＦサービス会社が現れました。

国内最大のＣＦプラットフォーム「CAMPFIRE」は２０１１年６月のサービス開始時から、最初はとても緩やかに上昇していた累計流通額が２０１９年２月に１００億円に達すると、それから僅か８か月後の同年10月には一気に１５０億円を突破。２０２０年末には３００億円に達すると見込まれています。利用者の増加ともに、ＣＦで動く資金も急激に増えているのが現状です。

ＣＦの現在

では、現在（２０１９年12月）どれくらいの人々がＣＦを知っているのでしょうか？　市場調査の会社「マクロミル」の調べによると（２０１９年11月現在）、20代から60代までの男女への調べで、ＣＦがどのようなサービスか、「仕組みを知っている」と回答した人が28・２％。「詳しくは知らないが、名前を聞いたことがある」と答えた人が50・９％。約80％がＣＦという言葉を認知しています。２０１１年に開始したばかりのサービスとしては、比較的早く浸透していると言えるでしょう。

次に、どのような人々がＣＦを利用しているのでしょうか？　支援者は、20代が16・３％、30代が23・８％、40代24・７％、50代19・０％、60代が16・２％。30代、40代の支援者が最も多いことになります。

そして関東地方に住む人が36・９％、関西在住者が19・７％を占めています。職業は事務系、技術系、その他の会社員だけで約半数。年収は４００万円から６００万円が最も多く、全体の21・５％を占めています。支援したプロジェクトのテーマは、テクノロジー・ガジェットが最も多く21・４％、次いで地域活性化が13・６％となっています。

プロジェクトの実行者として参考にしていただきたいのは、プロジェクトを支援する決め手についてのアンケートです。最多の41・８％の人々が「リターンの内容」を重視しています。その次が「起案者のプロジェクトに対する想い」。37・８％もの人々がこの点を重視しているというのは、ＣＦならではでしょう。次いで順に「プロジェクトの面白さ」、「起案者が信頼できる」、「起案者の人柄やプロフィール」などがきます。

つまり、ＣＦは現在（２０１９年12月）、テクノロジーやガジェット好きの30代、40代がリターン（商品）に期待して利用している場合が最も多いようです。

3　購入型クラウドファンディング（ＣＦ）でできること

どんな夢もプロジェクトとしてＣＦできる

ＣＦでは、アイデアや夢をプロジェクトと呼びます。夢は十人十色。どんな夢もプロジェクトとしてＣＦを試みることができます。

例えば、あなたが海外のある国でボランティアをしている人とします。現地の人々との関わり合いの中で「この国に学校を建設したい！」という夢ができた場合、ＣＦで支援者を募ることができます。「閉店してしまったお店を復活させたい」、ある題材で「映画を製作したい」でもいいでしょう。

もしあなたがアーティストだとします。ＣＦで自分が作成した作品を販売し、製作費に充てることができます。個展を開く費用や海外に進出する支援を募ってもいいでしょう。

他にもあなたが住む街で「こんなイベントを開催して盛り上げたい！」、過疎の村を復活させるために「古民家をペンションにしたい！」など地元に密着したプロジェクトも人気です。

その他「こんなお店をオープンさせたい！」、「こんなサービスで開業したい！」という人にも最

【図表６　クラウドファンディングの４つの活用方法】

クラウドファンディングの4つの活用方法　FAAVO大阪

① 困っている人を助ける・・・社会貢献型

② イベント・祭りをやるため・・・町おこし型・地域活性化

③ ベンチャー起業・お店開業・・・ベンチャー開業型

④ 新商品開発・B to C開発商品・・・モノづくり型

適です。

もちろんＣＦのプロジェクト実行者は個人でなく、私のように法人でも構いません。

私のプロジェクトの場合

「序章」で詳しく述べましたが、私のプロジェクトは「新スーツ」がテーマでした。大阪の谷町で縫製工場を営む私は、新製品を商品化するため「型紙作成」のファンドを募りました。５万円を支援してくれる人が10人いれば、50万円が集まります。この50万円で先に新デザインの型紙をつくり、その後、５万円を支援してくれた人にその型紙でつくったスーツをリターンとして送るという企画です。

新スーツ「真田幸村スーツ」プロジェクト。まず1着サンプルを作成し、撮影しＣＦ挑戦です。３０００円を支援いただくと「真田幸村ポケットチーフ」。５０００円で「真田紐を使った携帯ストラップ」。１万５０００円ならば「真田幸村デザインのオーダーシャツ。５万円ならば「真田幸村スーツ」オーダーお仕立て券をお贈りします。色々なコースを選べ、金額に応じたリターンが受け取れる設定です。これがなんと目標金額の４９１％、約２５０万円もの支援金を集めることができたのです。

このヒットから「武将スーツ」シリーズに発展。第2弾「織田信長スーツ」や第5弾「石田三成スーツ」第6弾「上杉謙信スーツ」をＣＦで商品化することができました。「次はどの武将ですか？」と第1弾から第6弾までコンプリート購入いただいているコアなファンから要望も来ています！

私の場合、経営難だった自社を盛り返すという夢が叶いましたが、誰のどんな夢も実現できるチャンスをくれるのが、ＣＦです。

4　購入型クラウドファンディング（ＣＦ）のプラットフォームの紹介（Makuake・未来ショッピング・CAMPFIRE・READYFOR・Kickstarter）

まずサービス会社を決める

ＣＦでプロジェクトを実行しようと思ったら、まず最初にしなければならないのは、サービス会社を決めることです。それぞれのサービス会社に得意分野や特徴があります。あなたのプロジェクトに合うサービス会社を探しましょう。

ＣＦのプラットフォームサービス会社は、２０１１年創業の READYFOR を皮切りに２０２０年現在も増え続けています。CAMPFIRE、MOTION GALLERY、Makuake、GREEN FUNDING、未来ショッピングなど国内のものだけでなくKickstarterなど海外のサービス会社も多々あります。その中から、ここでは大手5社に絞って特徴を挙げてみます。

Makuake

２０１３年5月に設立、２０１９年12月には東証マザーズに上場し急成長を遂げているのがMakuake。すべての新しい挑戦が「幕を開ける」場所になりたいという思いからできた社名です。大株主がアメブロを運営する株式会社サイバーエージェントとあり、Ｗｅｂメディアとのつながりが強く、プロジェクト起案者の広報活動をサポートできる点が強みです。

Makuakeのビジョンは「生まれるべきものが生まれ　広がるべきものが広がり　残るべきものが残る世界の実現」です。「拘りのあるよいものに焦点を当て、つくり手の想いを読んで知り、購入する」という、寄付や投資ではなく、消費を変えたいという視点で運営しています。

【特徴】

①急成長を遂げている日本最大級のプラットフォームサービス会社。
②東京本社以外にも、北海道、大阪、福岡に支社がある。
③プロジェクト実行者へのコンサルサポートに力を入れている。
④プロジェクト実行者へのプロジェクト終了後のアフターサービスも充実（Makuake SHOP、

【図表７　Makuake】

Makuakeストアなどでプロジェクト終了後も商品を販売できるチャンスがある）。（Makuake SHOPではプロジェクト実行中の商品を実際に見たり、プロジェクト終了後、一般発売した商品を購入できる。２０２０年1月時点で全国に12店舗）。（Makuakeストアは、プロジェクト終了後に完成した商品を出品できるショッピングサイト）。

⑤プロジェクト挑戦者、支援者ともリピーターが多い。

⑥手数料が20％と他社に比べて高めだが、その分サポートに力を入れている。

⑦拘りのあるよいものに焦点を当てたプロジェクトが多い。

【成功プロジェクトの例】

●持ち歩ける！　打合せに便利なＡ４・Ａ５ノート型ホワイトボード　【バタフライボード2】

Makuakeで５回ＣＦを実行している方の商品。１回目の支援者の声をフィードバックして商品をバージョンアップして再度ＣＦにチャレンジしています（図表８）。

２回目の挑戦で得られた支援金は約１４８４万円。

【図表８　Makuake で５回ＣＦを実行している方の商品】

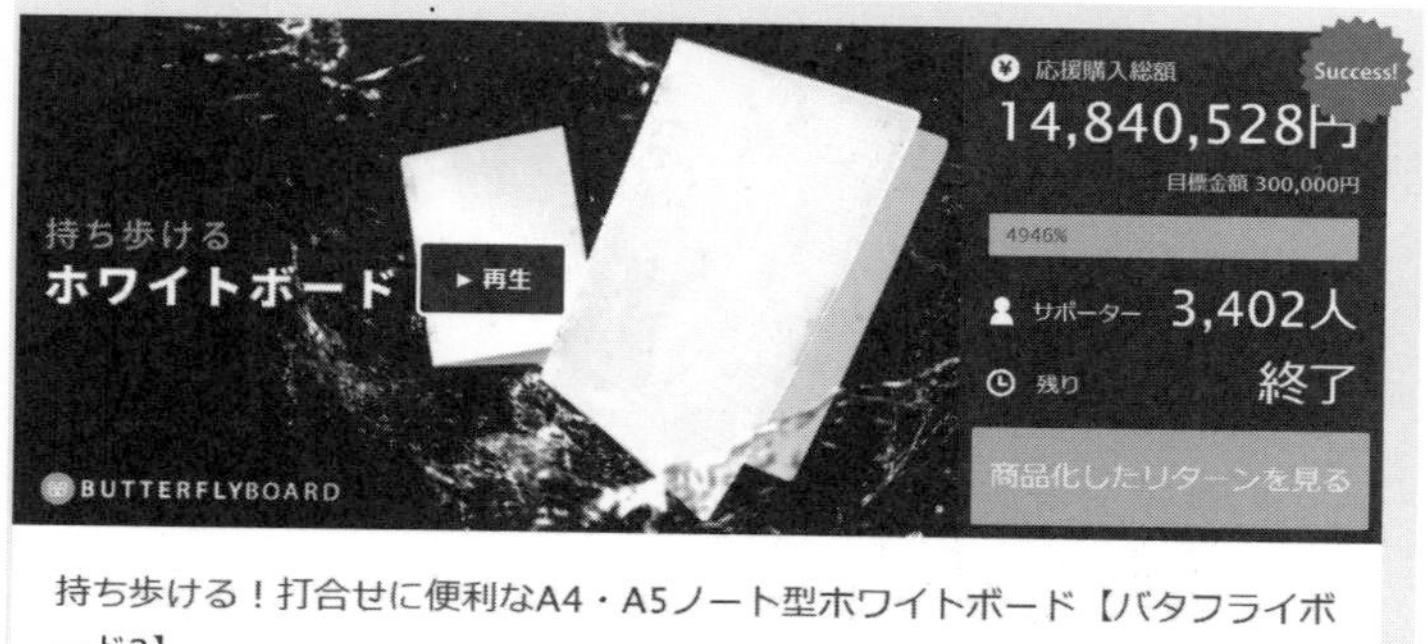

【図表９　残るべきものの事例の１つ】

●「酒づくりの神様」農口尚彦杜氏（84）の最後の挑戦を応援しよう

Makuake のビジョンの一部「残るべきもの」の事例の1つ。「酒づくりの神様」と呼ばれる84歳の農口杜氏の日本酒製造の技術を若手の蔵人に伝えるための研究所設立プロジェクトです。

約２０７０万円の支援金が集まりました（図表９）。

未来ショッピング

未来ショッピングは、「企業にイノベーションを。地方に活力を」をコンセプトとする購入型のＣＦサイト。２０１６年12月に日本経済新聞のＣＦサイトとしてオープンしました。未来ショッピングの強みは日経新聞電子版のユーザーにリーチできる点でしょう。日経新聞電子版は、なんと月間２５００万ＰＶを誇る人気サイトです。「イノベーション」と「地方創生」がテーマとあり、プロジェクトのジャンルもユニークで多岐に渡ります。

例えば、伝統工芸や地域のものづくりに特化した「TAKUMI」や、ローカルビジネスを活性化するプロジェクト「LOCAL」、女性活躍をコンセプトとする商品やイベントを集めた「WOMAN」、アートや音楽など良質なエンターテイメント「ENTERTAIMENT」など9つのジャンルに分かれます。

【特徴】

①日経新聞購読層であるビジネスパーソンがターゲット。

②日経新聞電子版の読者は大企業勤勤務率が30・7％、海外出張時のフライトのビジネスクラス利

用率が40・5％、世帯収入１５００万円以上が23・5％という比較的富裕層。

③「未来ショッピング公式ストア」で販売もできる。

【ネットワーク型ＣＦサービスとは】

この未来ショッピングは日本経済新聞が運営をしていますが、システムは株式会社RelicのEnjineというＣＦシステムを使用しています。日本経済新聞と同様に、このEnjineシステムを活用してオリジナルのＣＦプラットフォームを立ち上げている会社が30社と増えてきています。一例を挙げると「読売新聞」「産経新聞」「食品卸の国分グループ本社株式会社」「パナソニック」もこのEnjineを活用しています。この30のＣＦサイトがネットワークしているのが特徴です（図表10）。

日本経済新聞の「未来ショッピング」に掲載すると、「読売新聞」の「idea market」にも他のEnjineのシステムを使用しているＣＦプラットフォームにも掲載される仕組みです。２０２０年２月段階で30サイトですが、これが将来50、１００とネットワークの数が増えてくると、かなり集客力を期待できます。

【図表10　ネットワークをＣＦサービス】

CAMPFIRE

CAMPFIREは、「資金集めを民主化し、世界中の誰しもが声をあげられる世の中をつくる」という理念の国内最大級の支援総額、支援者数、プロジェクト成立数を誇ります。２０１９年２月には業界で最初に流通金額１００億円を達成、その８か月後には１５０億円を突破しています。さらに２０１９年11月には株式型ＣＦ「GoAngel」を買収しグループ化しました。

購入型からスタートし、寄付型、融資型、株式型へとサービスを拡大しています。

【特徴】

①CAMPFIREは、国内最大級のプラットフォーム。

②ゲーム、アニメ、カルチャーなどのプロジェクトが多い。

③プロジェクトのカテゴリーごとに専門家を置き、コンサル機能を強化。

FAAVO

FAAVOは２０１２年６月斎藤隆太氏が立ち上げた地域密着型のプラットフォームサービス会社。宮崎出身の斎藤氏が、東京で仕事をしていた２０１０年、宮崎が鳥インフルエンザ、口蹄疫、新燃岳の噴火という災害に見舞われ、東京の宮崎出身者が集結して支援したことや東日本大震災をきっかけに「出身地と出身者をつなぐ」というコンセプトで立ち上げました。２０１８年５月にCAMPFIREに営業権を譲渡しましたが、これまでと変わらぬコンセプトで動いています。

全国に約70のエリアオーナー（２０１９年12月現在）を置き、地域のＣＦを起案する際の相談窓口になっているのがFAAVOならではの特徴です。

【特徴】

①FAAVOは地域密着型のプロジェクトが多い。

②エリアオーナー制のため、プロジェクト起案者の地元に近いエリアオーナーが相談窓口となり、サポートします。

GoodMorning

GoodMorningは、CAMPFIREの一部で、社会課題解決プロジェクトに特化したＣＦプラットフォームです。

【成功プロジェクトの例】

●中学生社会起業家になり、本気で「地球を幸せにする教育」を実現したいプロジェクト実行当時中学3年生の山口由人君が、同年代の中高生と共にＳＤＧｓの実現を本気で目指すために非営利一般社団法人Sustainable Game 設立の資金をＣＦしました（図表11）。

このＣＦを実行した山口君がアンケートに答えてくれました。

Ｑ１：ＣＦに挑戦しようと思ったきっかけは？

Ａ　：多くの方に認知してもらい、ソーシャルインパクトを出したいと思ったため、クラファンと

【図表 11　Substainable Game 設立の資金をＣＦ】

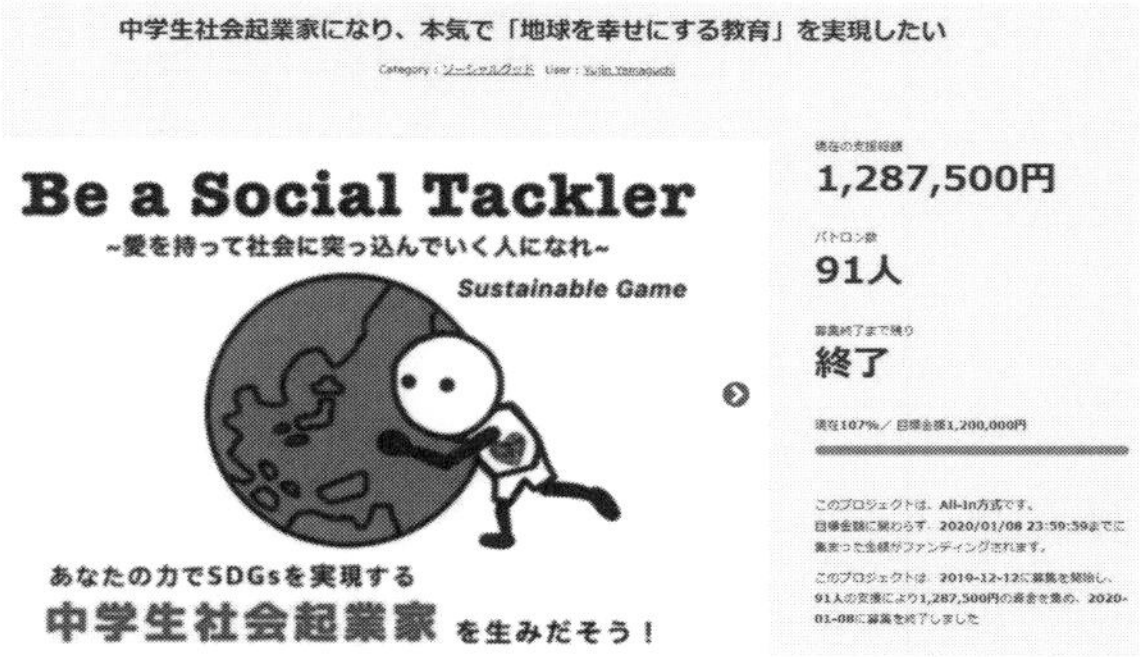

中学生社会起業家になり、本気で「地球を幸せにする教育」を実現したい

Be a Social Tackler
~愛を持って社会に突っ込んでいく人になれ~
Sustainable Game

あなたの力でSDGsを実現する
中学生社会起業家を生みだそう！

1,287,500円
91人
終了

いうツールを選びました。

Ｑ２：ＣＦに挑戦してみていかがでしたか？

Ａ：とてもよかった。

Ｑ３：支援を集めるためにどのような活動を行いましたか？

Ａ：Facebook、Twitter など SNS で拡散しました。

Ｑ４：その他、支援を集めるために工夫したことを教えてください。

Ａ：Twitter の投稿時間を考えたり、チームをつくり、Twitter 班、Instagram 班、Facebook 班に分かれて拡散しまくりました。

Ｑ５：今回、ＣＦに挑戦してみて印象に残ったエピソードなどがあれば教えてください。

Ａ：直接お会いしたことがない方から10万円の支援をいただいたこと。また、終了時間ちょうどに達成したこと。

Ｑ６：また、一番嬉しかったこと、大変だったことは何ですか？

Ａ：一番嬉しかったときはやはり達成した瞬間！　大変だったことは、伸びないときに色々な方にＤＭを送り続けること。

Ｑ７：ＣＦに挑戦する前と挑戦した後で何か変化はありましたか？

Ａ：諦めないことの大切さを改めて学びました。

Ｑ８：これからＣＦに挑戦する方へ一言お願いします。
Ａ　：「最後まで諦めない」という志を持ち続けて欲しいです。

READYFOR

２０１１年3月に日本で最初にＣＦのプラットフォームを立ち上げたのが、READYFORです。代表取締役ＣＥＯの米良はるか氏は、学生時代に「ＩＴで人と人を繋ぐ」をテーマに研究し、人工知能搭載の人物検索エンジン「あの人検索SPYSEE」にメンバーとして参加していました。

その後、投げ銭のプラットフォームをつくり、日本パラリンピックスキーチームの荒井秀樹監督のバンクーバー遠征費用を募りました。そのとき米良ＣＥＯが感じた「お金が必要なところに流れていない。ＩＴを使って必要なところにお金を流していきたい」という気持ちが、READYFORのＣＦ事業の原点になっています。

READYFORのビジョンは、「誰もがやりたいことを実現できる世の中をつくる」です。

【特徴】
①日本初のＣＦプラットフォームサービス会社。
②支援者数は約58万人、累計流通金額は約１００億円（２０１９年12月現在)。
③社会貢献型のＣＦが多い。
④社会問題に関心があり、リターンが目的ではない支援者が多い。

【成功プロジェクトの例】

●命を守るため、３６５日地球10周分走ったドクターカーの危機を救おう

長野県のこども病院のドクターカーが劣化したため、新たに購入するためのプロジェクト。約２５３６万円もの支援金が集まりました（図表12）。

●皆でおっきな鍋つぐっぺ！　未来に繋ぐ「三代目鍋太郎」製作大作戦

山形市の市長が町おこしを目的に、自ら山形名産の鍋料理「芋煮」をつくるイベントプロジェクト。３０００円の支援で「芋煮鍋奉行認定証」、1万円で「先着１００名限定！　待たずに『別味芋煮』が食べられる」といったユニークなリターンが話題を呼び、ＳＮＳで多く拡散されたため約３０３４万円の資金が集まりました（図表13）。

【ＳＤＧｓ×READYFOR】

ＳＤＧｓに関する活動でＣＦを実行する場合、法人向けの事業READYFOR ＳＤＧｓによる支援が得られる（ＣＦで目標金額の半分を集めると、残りの半分は参画企業が支援してプロジェクトが実行できる。要審査）。（参画企業は、中部電力、ロート製薬、Daiwa Lease など）（図表14）。

※ＳＤＧｓとは…Ｓ（Sustainable）Ｄ（Development）Ｇｓ（Goals）の省略語で、エス・ディー・ジーズと読みます。持続可能な開発目標という意味。２０１５年9月の国連サミットで採択された、２０１6年から２０３０年の15年間で国連加盟１９３か国が達成するために掲げた目標です。17の大きな目標とそれらを具体的にした１６９のターゲットからなります。

【図表 12　ドクターカープロジェクト】

寄附型　#長野県 #社会にいいこと #子ども・教育 #医療・福祉 #寄附型

命を守るため、365日地球10周分走ったドクターカーの危機を救おう

原田 順和（長野県立こども病院 院長）

【図表 13　「三代目鍋太郎」製作大作戦】

ふるさと納税型　#山形県 #地域 #地域文化 #まちづくり #フード #山形サポート #寄附型

皆でおっきな鍋つぐっぺ！未来に繋ぐ「三代目鍋太郎」製作大作戦

山形市（市長 佐藤孝弘）

【図表 14　ＳＤＧｓ × READYFOR】

Kickstarter

Kickstarter（キックスターター）は、２００９年4月にアメリカのＮＹでアートプロジェクトの資金調達を支援するために創立されました。２０１５年に公益法人化され、アートやカルチャーに貢献することをミッションとし、世界中の人々に利用されるプラットフォームとなっています。

２０１７年9月から日本版も公開され、日本のクリエイターたちも世界に向けて支援を募りやすくなりました。後のページで紹介しますが、人生を変えた人④「フライパンで世界中から注文殺到」の藤田金属株式会社は Kickstarter にてフライパンの新商品を世界中の消費者へ販売されました。まさに「越境ＥＣ」が Kickstarter で実現できました。今後、このように Made in JAPAN の商品がＣＦ活用で世界に輸出されることが増加するでしょう。

【特徴】

①クリエイティブ系、モノづくりに適したプラットフォーム。
②５万件以上のプロジェクトを支援。
③All-or-nothing 形式のみ。
④プラットフォームの提供だけでなく、クリエイターを支援するためのアドバイスなども配信し、クリエイターの支援に努めている。
⑤世界中に実行者、支援者がいる。
⑥手数料は９・５％。

5　展示会販売からクラウドファンディング（CF）へ進化した（D to C）ができる

CFは展示会の代わりになる

展示会にて商品を並べて受注や販売をすることは、メーカーにとって王道のビジネスモデルです。私の母や姉はウエディングドレスのデザイナーでしたので、年に6回以上、ホテルなどの会場を借りてドレスの展示をし、全国から得意先に来ていただく展示会を開催していました。会場費は3日間で100万円ほどを支払っていました。展示の準備は徹夜で行っていました。身体も大変ですし、経費も多くかかっていました。展示会の宣伝で、DMを毎回郵送し、通信費やカタログ、パンフレット、チラシの経費も必要です。

CFはこの展示会の役割を代わりにやってくれます。サンプルをつくり、それを撮影します。展示会の場合はカタログやパンフレットを製作しますが、CFの場合はその代わりにCFのプロジェクトページをつくります。そのプロジェクトページを多くの人に見てもらい、反応を見る、買ってもらうことができます。

展示会販売の場合は会場費やDM通信費、カタログ・パンフレット費や人件費も考えると約200万円は経費が必要ではないでしょうか。CFだとプロジェクトページの制作やプレスリリースを外注しても、100万円も経費はかかりませんので、展示会販売と比較して、コストが半分以

【図表 15　アパレルブランドプロジェクト】

日本の森を守りたい！間伐材を布にした豊かなライフスタイルの提案ブランド

大阪　環境

下になるメリットがあります。

さらに展示会の場合は、バイヤーや業者の方との商談になりますが、ＣＦの場合は一般の消費者（エンドユーザー）がターゲットになります。ＣＦのよいところはプロジェクトページのコメント欄にエンドユーザーの声を直接もらえることです。

エンドユーザーだけでなく、そのＣＦを見てバイヤーや業者からも「取引をしてほしい」と連絡が入ることもあります。

ＣＦでデザイン・色など色々出品し、一番人気のあったデザイン・色に絞って、定番化するというマーケティングでも使えます。ＣＦで受注してから生産ができる受注生産も可能です。

展示会販売とは違い、ＣＦはエンドユーザーに個別発送が必要です。発送数が増えると作業に時間と労力がかかるので、要注意です。

卸売の展示会販売からＣＦで一般の消費者に変えた事例を紹介します。私の高校の奥田先輩が新しいアパレルブランドを立ち上げるためＣＦに挑戦しました。その結果、目標の2倍の１２０万円以上を集め（図表15）、先輩も驚いていました。

【図表16　CFは若年層に届く】

ユーザー属性

性別

性別	割合
女性	51.61%
男性	48.39%

年齢層

年齢層	割合
25-34	48.94%
35-44	27.66%
45-54	23.4%

25-34
48.94

ReTreeBirth 奥田英二

奥田先輩にCFの感想も伺いました。いままでのアパレルは新作展示会をして告知や受注をするのですが、その展示会費用の負担が大きく、今回はCFをやってみたとのことです。その結果、予想以上の結果になりました。

今まで出会うことのなかった顧客層である「女性&25歳〜34歳」に知ってもらうことができたと喜んでいました。

CFは若年層に届きます。今まで展示会では40代50代のバイヤーとの商談だったかもしれませんが、これからはCFを活用することでエンドユーザーに直接新商品を届けることができるようになりました。まさにDtoC(=ダイレクト・トゥ・コンシューマー)でメーカーがダイレクトにネットを活用し、エンドユーザー・一般消費者へ直接販売することができるのです。メーカー企業は新商品を世に出す際にCFを活用し、

①テストマーケティングをして消費者の反応をみる。
②プロモーションも兼ねて新商品を販売できる。
③マーケティングとプロモーション費用をその売上金で回収することができる。

ＣＦで人生を変えた人①「地域特化型クラウドファンディング FAAVO 創業者齋藤さん」

FAAVO 創設者の齋藤隆太氏（株式会社ライトライト代表取締役、元株式会社 CAMPFIRE 執行役員）。２０１２年６月に地域密着型のＣＦ、FAAVO のプラットホームを立ち上げた設立者。２０１８年５月に株式会社 CAMPFIRE に営業権譲渡。

齋藤氏は地域に「エリアオーナー」置くフランチャイズの仕組みをつくり上げました。現在、CAMPFIRE は全国に約70社のエリアオーナーがいて、地域のクラウドファンディングを立ち上げる際の相談窓口になっています。

拡大よりも深く

川辺「初めてお会いしたのは京都駅、もうすぐ6年くらい経ちますね」

斎藤「そうですね」

川辺「FAAVO の立ち上げから CAMPFIRE になったところまでのお話を聞かせてください」

斎藤「FAAVO は２０１２年の6月28日に立ち上げました。最初の想いは出身地と出身者を繋げる、東京や大阪に出てきている地方出身者が今の地元と繋がれるサービスをつくりたいなと思いました。ＣＦはあくまで手段であって、この想いが一番強かったですね。新しい関係をつくりたいという。自分の地元に18歳以上の友達、知り合いが増えていくことによって、東京一極集中といった問題を解決していけるんじゃないかという仮説の元やってきています。

次にやりたいこともそういう系なんですけど。２０１１年の東日本大震災の後、当時ＣＦが伸びていたので、手段としてＣＦを選びました。特徴としては地域を盛り上げるプロジェクトに特化したＣＦサイトで、地域のイベントとか様々な案件を扱っています。

代表的なことで言えば、エリアオーナー制度。全国の地域の方々を、なるべく近くでアドバイスをしてあげられるような環境をつくろうということでフランチャイズの展開をしています。FAAVO○○エリアオーナーというものを立ち上げていって、そこに運営者がいるという状況をつくりました。現在は１０４エリアくらいかな。一応解決はしていますね。エリアオーナーさんがいるエリアは約70くらい。全国で様々な方が案件の相談に乗れるようにつくれています」

川辺「今でもエリアオーナーの募集はしているんですね？」

斎藤「はい、積極的にはやってないんですけど。より強いエリアオーナー制度をつくるために改善中です。拡大よりも深くしていくというような。大阪、名古屋栄、つくば、神戸とか。いいエリアオーナーさんって、まだまだ少ないんですよね。ただ単に開くだけじゃなくて、ちゃんとアクティブな状態になってくれる方々をつくっていかなきゃならないなと思っています。次のチャレンジはそこですね」

川辺「強く、深く」
斎藤「今後のキャンペーンのテーマでもあるんですけど、本部の人間だけで流通金を上げるほぼ限界というくらい生産性は高まっているので。外部の方々がCAMPFIREやFAAVOの流通を上げてくれる、一層上げやすい環境をつくっていくことが次の成長戦略の１つかなと思っています」
川辺「もっと質の高いエリアオーナーをつくっていきたいということですね？」
斎藤「そうです。FAAVOは、２０１８年にCAMPFIREに事業譲渡しました。その前に２０１７年に宮崎オフィスを立ち上げました。立ち上げた理由は、サーチフィールド、前の会社の主体は、投資が入っていなかったので、競争環境に立ったときに、なかなか投資ができない、お金がかけられないっていう事情があったんで、その点を解消したいという想いがあったのと、CAMPFIRE自身も地域のところをもうちょっとちゃんとやりたいという想いがあったので、元々FAAVOと補完関係があったんで、『じゃあ一緒にやりましょう』ということになったのが２０１８年です。そこから先は一緒に頑張っています」
川辺「家入さん（(株）CAMPFIREの社長）から提案があったんですか？」
斎藤「そう、最初お話しましょうってことで」
川辺「家入さんからお話がきたときは、よかった、やっぱり来たか、予想外だったとか、どのような気持ちでしたか？」

斎藤「よかったと思います。CAMPFIREの理念自体は好きなので。資金調達を民主化するというか、誰しもが声をあげられる社会をつくるというのは、地域にとってすごく必要なことだし、理念共感はあったので、イメージはつきましたね、すぐ。一緒にやるっていうのは」

川辺「CAMPFIREになって、しばらく経ちますが、どうですか？」

斎藤「勉強になっていますし、貢献できたかなと思っている部分もあります。結局CAMPFIRE事業部長になってすぐ組織改善をしたり、テレビCMに伴ってキャンペーンを企画したりして、それがうまくはまっていったので、1年間の流通金額がすごく伸びた」

川辺「2019年2月が100億円で10月が150億円、凄く伸びましたね」

斎藤「そうですね、違う文化の2つのチームをくっつけていくこととか、やっぱり東京だけで運営していた会社が宮崎に基礎を持つとか、遠隔でのコミュニケーションといったことには、課題を感じていますね」

川辺「FAAVOのときよりも東京が強いというか、一極集中と感じたんですか？」

斎藤「そうじゃないけど、地方にオフィスを持ったことがない人たちばかりで、そういう発想がないところにつっこんでいったので、やっぱり地方ありきで考えている僕らと、考え方が根本から違ったりするなと、その辺すり合わせる難しさは感じましたね。でも今は宮崎でもすごいパフォーマンスが出てるし、宮崎がないと難しいなと言ってくれる人も多いので。そういう意味ではよかったかな」

現在の取組みと今後の展望

川辺「宮崎でされていることについて、もう少し詳しく教えてください」

斎藤「今、宮崎ではＣＳカスタマーサクセスっていう部署と、コミュニティーサービスのＣＳと、後はFAAVOを扱ったり、インバウンド案件で問合せがあった件に対してアプローチする部がいます。物理的な打合せをしましょうということはできないので、オンラインで30分だけとか。15分だけとか。結構効率的な時間の使い方ができて、無駄なアポイントが入らないですし、効率的な制度ができています。人材もレベルの高い人間が宮崎で採用できたので、パフォーマンスとしては当たっていると思います」

川辺「そういう宮崎のような場所が日本各地にできたら？　サテライトオフィスのような」

斎藤「まあ、そうですね。ただ47都道府県にそれぞれあると、それはそれでコントロールがとても難しいので。そういう意味では宮崎を中心にサブオフィスを持っているというのがいいと思います」

川辺「７年ＣＦをされて、どう思われますか？」

斎藤「プラットフォームとしてはかなり収斂されてきましたよね。強いところはとても強いですし、そこがマーケットを押し上げてシェアを獲得しつつやっているという感じかなと」

川辺「家入さんがやりたいこととは？」

斎藤「家入の実体験で声を上げられなかったときがあったので、ほんとに居場所つくりというのがテーマ。どんな人でもCFを使える。インターネットの力を信じてやれる。だから案件を選びたくない」

川辺「間口広いですもんね」

斎藤「どんな案件も載せられる。ただそれは、小さな案件ばかりを扱うという意味ではないです。小さいものも大きいものも扱える。だから融資型などもできます。ただ宮崎は、インバウンド案件中心になっているといいましたが、東京にいるのはカテゴリーに特化した専門家たちなんですよね。音楽とかカルチャーとか、彼らは大きい案件が特に得意ですね。だから上流から下流までというか幅広くサービス提供できるというのが強みですね」

川辺「カテゴリー別に専門家を置いているんですね」

斎藤「そうですね、特に要望が多いようなテーマ。ファッションとか、カルチャー系、アニメとか漫画とか、アイドルとか、かなり多いんですね、ゲームとか。他にもカテゴリーになって強くなってくるものがあれば担当者をつくっていきます。専門家のメンバーたちももともとその業界で働いていた人たちばかりなんですよ。だからそもそもネットワークが強い」

川辺「CAMPFIREは2020年に流通金額300億円を目指してると聞きましたが?」

斎藤「今の進捗だったらってことですよね。同じような伸びすれば」

川辺「購入型だけじゃないんですね?」

斎藤「全部だと思います。まあコミュニティーとかも合わせて」

川辺「今後どうなっていくんですか？」

斎藤「まずFAAVOはサイトが強くなっていく、それはいいことだと思います。そして僕がやろうとしていることが、エリアオーナーさんを強くしていく。深さを求めているので。今まで何がよくなかったかというと、大阪と僕らの関係は最初のほうなんで関係ないですけど、目標がなかったんですよ。『今年これぐらい一緒にやりましょうね』みたいなのが一切ないから、みんな自由なんですよ。自由に自分たちなりにやってしまっていて、それはそれでいいことなんだけど、ほっといてもやるFAAVO大阪みたいな人もいれば、何もやらない人、動かない人もいるじゃないですか？　それは、僕らにとって今はブランド棄損になってしまうので。これまでは月額フィーいただいているからお客様って感じだったんですけど、月額フィー以前の問題で、誰しも声をあげられる社会をつくるために、流通量、件数をちゃんと見ないといけないし、そこはちゃんと、ブランドを貸し出してやってもらっている方々には意識してやってもらわないといけないなと。そこは今、もう伝えています。『目標をもってやりましょう』と。

目線を合わせて。お互いにウィンウィンにならないといけない状態なので。各エリアごとに目標をつくろうとしています。特に昨年の成果とか、人口規模を見たときに、宮崎の例とかもあるんで、『これぐらいやれるよね』っていうのはキュレーターと担当エリアの両者でアクションプランをつくりこんでいくっていうのをやろうとしています。それをやれば、『お互いこれくらい一緒にやろうって決めたよね』って言えますし」

川辺「CFの購入型以外のことはよくわかりませんが、チャレンジしてみたいなと思っています」

斎藤「審査は厳しいですけどね。金融型とかお返ししていかなきゃいけないですしね」

川辺「FAAVO は70のパートナーさんに対してアクションを起こして強くしていくと」

斎藤「そうですね、そして新しく入ってくる人たちの条件も少し厳しくしないと。条件としてはもう少しシビアにしていくと思います。最終コンテンツの執行でちゃんと適正を見て、エリアオーナーさんになってもらうかは別の話で。相当選んでいかないとだめなんじゃないですか」

川辺「CAMPFIRE の中の FAAVO という感じですが、CAMPFIRE 全体でいうとどうですか?」

斎藤「まあ購入型もやれれば、融資型もやれれば、コミュニティーもやれれば、株式型もやれれば、とほんとに資金調達のプラットフォームとしていろんなことがやれるようになる。だから、リスクが少なくお金が集められる方法という意味では、いい時代になった気がしますけどね」

川辺「一番好きなプロジェクトは何ですか?」

斎藤「2012年にやった、宮崎アートマーケットっていうプロジェクト（図表17)。6万集めたんですよ。5万が目標で。あれが原点なんですよ。ああいうことをやりたいんです。だからガジェットとか別にどっちでもいい。地方ってモノつくり案件ばかりじゃないから」

少しずつお金を集める文化が根づいている

川辺「宮崎すごいんじゃないですか? 人口が少ないのになんであれだけ集まるかって」

【図表 17　宮崎アートマーケットプロジェクト】

宮崎のレンガ道をアートで彩る！第一回みやざきアートマーケット

宮崎　お祭り・ローカルイベント

斎藤「頭の中である程度インストールされてるんでしょうね。ＣＦがあって、『ＣＦを使えばある程度資金が集まる、だからやってみよう』っていう。

　他のエリアだと、やりたいことがあって、じゃ資金をＣＦで集めようっていう順番なんですけど、宮崎の人たちはＣＦについて大体知ってたりするから、じゃ、こんなこともできるかもねっていう発想なので。こんなふうに順番が変わっているのを感じるのは宮崎ぐらいかな」

川辺「都会にはお金が余っている、でも地方にはＣＦしかない、というような危機感がある？」

斎藤「そうかもしれないですね。まあ、そもそも自分の財布に余裕がある人も少ないと思います。東京にもそんな多くはないでしょうけど。慣れているというか、文化ができてるんじゃないですか」

川辺「なるほど」

斎藤「老若男女に受け入れられるサービスなんですよ、ＣＦって。要は、お金の問題って誰しもぶつかるし。誰しも自分のお金を何十万って貸すのは嫌じゃないですか。でも応援したいっていう気持ちはあるから1万円とか5000円とかは支払いたいっていう気持ちもあって、そういうのが全て充足されるサービスなんですよね。

だからCFって横文字でもお年寄りの方でもお金の問題があったら使おうとしてくれるし。そういう意味では受け入れられやすいサービスなんじゃないかなと思います。だから僕が商店街の看板の落書きを消したときも、1回成功体験を残せば、また使ってくれるようになる。商店街の理事長とかも高齢なんで、最初は『全然わからない』って言っていたけど、実際それで資金が集まって看板がきれいになったらすごく喜んでくれて、『次もまたCFで何かできないか』って話をよくします」

川辺「昔からみんなでお金を少しずつ集めるっていうのは、日本の文化でもありましたもんね。それがCFという流れになった」

斎藤「そうですよ。体験させるのが一番早い」

地方だからこそやれること

川辺「宮崎アートマーケットともう1つ、好きなプロジェクトはありますか？」

斎藤「僕が好きなのはあれですね、おばあちゃんのやつ。さばえ市の料理人のおばあちゃんの手書きのレシピを本にするっていう（図表18）。あれもあのおばあちゃんの周りに若者たちが1年

【図表 18　手書き料理レシピ出版プロジェクト】

92歳の手書きレシピを料理帳に！伝承料理を未来の子どもたちへつなげたい！

さばえ　ご当地食材・料理・グルメ

集まっている金額
1,088,000円（目標 400,000円）
272%
達成率 272%　支援者数 419人　残り 終了しました
同じカテゴリーのプロジェクトを見る
このプロジェクトは成立しました！
本プロジェクトは2016年04月29日、合計1,088,000円の支援を集め成立しました。
このプロジェクトは、All-or-Nothing方式です。
目標金額を達成した場合にのみ、プロジェクトの終了時点で集まった金額が起案者に支払われます。

くらいかけてきちんとコミュニケーションとってきて、ようやくＣＦに行きついたっていう。それに物語自体知的じゃないですか。手書きだけど残しておきたいから。地域の方たちの手厚いサポートがあったから、おばあちゃんが、『うん』と言ってくれたと思う。東京だったらできなかったと思うし。

これが FAAVO のよさだなと思います。福井県さばえ市がやってくれてたんで、市役所っていう安心感もあったんでしょうけど。ああいうのが FAAVO っぽくていいなと。ああいうことが全国でも起こってほしいなと思いますけどね。あくまでやっぱり地域とか地方」

川辺「マーケティングですもんね」

斎藤「地方だからこそやれることに興味があるんで。面白い人が地方にいたら、地域も変わりますからね。それが日本のためになると思います。自分たち自身の生活も豊かになっていくし、子供たちとか、楽しい町に住んでるなって思ってくれると嬉しいなっていう、その辺りにモチベーションがありますね」

川辺「岡山の西粟倉？　あそこ面白いですね」

斎藤「森の学校は牧さんって方がやっていて、ベンチャーも結構生まれていて、行ったことあります？」

川辺「行ってみたいですけどね、ああいう成功事例をつくっていく」

斎藤「そうですね」

川辺「最後に一言」

斎藤「地域にCFを根づかせるのが引き続きの目標です。CFが地域に根づくと地域のチャレンジが増えるんですよね。宮崎とか特に感じるんですけど、CFありきで物事を始めてみようかなという人が増えている気がするんですよ。『CFで資金調達ができるから、自分たちで新しい物事を始めてみよう』という。それってすごくいいことで、これまではどうしてもお金の問題にぶちあたって、『やりたいことがあるんだけど、できないね』だったのが、変わってきてるから。

それとやっぱり地域の中で活力を満たすのは、行動だと思うんで、それを生み続けられるっていうのが醍醐味ですよね。そこに一番面白みというか、やってる意義を感じるので、だから別にガジェットとかじゃなくてもいいし、地域の中でシャッターが開いたとか、何かどこにでもある商品だったものが付加価値が付いたとかが面白いですね」

川辺「ありがとうございました」

斎藤「ありがとうございました」

第2章

クラウドファンディング（CF）成功の秘訣【基本編】

1　類似プロジェクトの検索

成功例・失敗例から学ぶ

様々なプラットフォームサービス会社のＷｅｂサイトを訪れて、あなたのプロジェクトと似ている商品やサービス、イベント、社会貢献を取り扱っているプロジェクトページをピックアップ、情報収集をしましょう。

いつ実行されたものか、支援金はいくら集まったか、目標の何％か。どのような人がどのような想いで行ったか、支援者のコメントは……。上手くいったプロジェクトと失敗したプロジェクトを比較して、理由を挙げてみます。

この作業もできれば仲間と共に行えば、より多くの意見やアイデアが得られます。プロジェクトページをつくる際にこれらの情報を上手く活かしましょう。

2　同じ志の仲間を集める

ＣＦ成功の鍵をにぎる

ＣＦに挑戦すると決めたら、まず必要なのは仲間集めです。ＣＦは1人では成功できません。プロジェクトに関するアイデアを出し合い一緒に練り上げ、情報を拡散したりするＰＲ活動やリターンの手配を手伝ってくれる仲間がいれば、より素晴らしいプロジェクトが生まれ、あなたが期待する共感と支援金が得られる確率が上がります。

そして何より、仲間がいればＣＦ後にさらに飛躍した夢を叶えることができるのです。ＣＦを資金調達の手段だけと考えず、そこから得られる情報やファン、経験を活かしてより大きな目標を実現していきましょう。そのために何より欠かせないのが仲間なのです。

3　クラウドファンディング（ＣＦ）の流れとスケジュール

管理するタスク

本書の最後に付録として、ガントチャートが付いています。ガントチャートとはプロジェクトのスケジュールを管理する表です。ＣＦに関するすべてのタスクに日付を書いて矢印で示していきます。

管理するタスクとしてあげておきたいのは、次のようなことです。着手するべきことを順を追って見ていきましょう。そしてプロジェクト実行の際に付録のガントチャートを利用してください。

【ＣＦスタート前】

①プロジェクトの商品、サービス、イベント等を明確にする

競合との違い、長所、欠点などの観点から、プロジェクトのサービス、商品、イベントについて

詳細まで掘り下げましょう。サービス会社を決め、サンプルを製作し、販売価格を決定します。

②プロジェクトページの概要作成

画像、可能であれば動画を準備し、プロジェクトページの概要の文章を作成します。目標金額やリターンも決定します。

③申請する

プロジェクトページが完成したら、サービス会社に申請します。申請が通れば、プロジェクトページが公開されます。

【CFスタート後】

④PR活動

公開後はプロジェクトページをSNSなどで拡散し、メディアにプレスリリースを送るなどのPR活動を行います。最低週1回はプロジェクトページに活動レポートも書きましょう。支援者にお礼のメッセージを送るのも忘れずに。

⑤リターンを製作

リターンの製作にも取り掛かります。

【CF終了後】

⑥リターンを発送

支援者のリストをダウンロードして指定の住所にリターンを発送します。

4　目標金額の設定の仕方

実際の金額より低めにする理由

類似プロジェクトから情報を集め、リターンを決めたら目標金額を設定しましょう。商品やサービスなら製作費用とあなたの利益金額です。イベントならイベント開催にかかる費用とあなたの利益です。

これらを踏まえて、リターンのコストを決め目標金額を設定するのですが、1点注意したいことがあります。プロジェクトページに掲載する目標金額は、実際の目標金額より低めに書くことです。プロジェクトの成功は、スタートダッシュが命。プロジェクト開始後24時間以内に目標金額の30％に届けば、目標金額を達成する確率は高くなります。

では、低めの金額というと、どれくらいでしょうか？　類似プロジェクトを参考にすれば、あなたのプロジェクトの相場がわかると思います。例えば本当の目標金額が50万円の場合、30万円にしましょう（とはいえ、コストを考えて赤字にならないように）。

なぜならプロジェクトが公開されたときに、どれくらいの金額が集まっているか、目標金額の何％が集まったかという情報も一緒に公開されるからです。人は人気のある商品、サービスやイベントなどに支援をするものなので、プロジェクト公開の早い段階で支援者と支援金が集まっていれば、あなたのプロジェクトを見た人によい印象を与えられ、さらに支援者が増える仕組みです。

5　共感を得る文章の書き方

読み手の立場になって考える

プロジェクトページで読み手の共感と支援を集めるには、原稿を練り上げることを怠ってはいけません。プロジェクトページには、プロフィールだけではなく「はじめに」「プロジェクトで実現したいこと」「プロジェクトをやろうと思った理由」など、共感を集めるポイントとなる項目があります。

最も大切なのは、読み手の立場に立って文章を考えること。

あなたはどんな人のどんなプロジェクトを支援したいと思いますか？　プロフィール同様に情熱を持って書くことは必要ですが、想いを熱くぶつけるだけではなく、読み手がお金を払いたくなるように書くことを念頭に置きましょう。

プロフィールの項でも紹介しましたが「株式会社マクロミル」が２０１９年に行ったリサーチによると、「プロジェクトの面白さ」と「起案者（実行者）のプロジェクトに対する想い」が「リターンの内容」に次いで重視されています。

ここで念頭に置いておきたいのは、「三方よし」の精神です。三方とはプロジェクトの実行者、支援者、そして世間。あなたのプロジェクトでこの三方がよくなることを情熱的に表現すること。そして読み手の好奇心をくすぐる内容であることが、読み手を支援者にするポイントです。

6　成功するお返し・リターンの設定

支援の決め手はリターンの内容

「株式会社マクロミル」の調べによると、プロジェクトを支援したことがある人の41・８％が、支援の決め手は「リターンの内容」としています。「プロジェクト実行者の想い」や「プロジェクトの面白さ」などを差し置いて、最も重要な決め手です。

より多くの人に支援してもらうためには、支援したくなるリターンを考えなければなりません。ＣＦ終了後に販売する価格から割引をして支援金を募り、商品やサービス、イベントチケットなどをリターンにする場合が多いです。

とはいえ、社会貢献型のプロジェクトの場合、お礼の手紙のみのリターンが喜ばれる場合も少なくありません。プロジェクトによって支援者が喜ぶリターンは異なります。支援者はなぜあなたのプロジェクトを支援するのか、ニーズを考えてリターンを決めましょう。

リターンはたくさん揃えれば揃えるほどいいわけではありません。むしろその逆で、人は選択肢が多ければ多いほど何を選んでいいかわからなくなり、選べないという「選択回避の法則」という心理作用が働きます。

よって選択肢が多すぎると支援されないので、５～10くらいに絞るといいでしょう。支援金（価格）を5～10設けて、それぞれの価格に見合うリターンを設定します。

ちなみに社会貢献型のプロジェクトが多いREADYFORで反響の高かったリターンは、サンクスメール、サンクスレター、プロジェクトの活動報告、支援者の名前やニックネームの掲載、プロジェクトの一員として名前を掲載、プロジェクト関連アイテム、限定の体験イベントなどだそうです。

7　写真・動画を準備する

印象的な画面が必要

前の項で述べましたが、プロジェクトページを訪れた人をあなたのプロジェクトに巻き込むためには、文章が大切です。ですが、その前にあなたのプロジェクトページを開いてもらうためには、印象的な画像が必要です。最もいい写真をメイン画像にしましょう。

プロジェクトページに掲載できる写真の数やサイズなどは、サービス会社によって異なります。Makuakeの場合、2～10枚。そのうち商品画像は2～4枚、残りは製作状況などやチーム（仲間）の紹介、集合写真など人の写真を入れると、より親近感を持ってもらえます。写真の撮影はスマートフォンでも構いません。

ポイントは、次のとおりです。

・明るく撮る

商品ならレフ版を使って、商品が明るくきれいに見えるように撮影するのがおすすめです。自然光を有効に使うのもいいでしょう。

・サイズを揃える

ここではサンプル商品などの写真を撮影しておくだけで構いませんが、後にサービス会社を決めてプロジェクトページをつくる際には、１枚１枚異なる大きさの写真だと雑な印象を与えるので写真の大きさは揃えましょう（推奨される画像のサイズはプラットフォームによって異なります。CAMPFIRE の場合、横 1200pxl ×横 800pxl、３：２の比率のもの）。

画像と一緒に動画も掲載することができます。プロが撮影したようなキレイな動画は必要ありません。あなたの商品やサービス、イベントなどをより身近に感じてもらえることが動画の趣旨です。

特に商品の場合、格好のいいイメージ動画ではなく、使い方や使い勝手のよさがわかる説明的な動画を準備しましょう。イベントの場合も同様です。イベントの内容がよくわからない素敵で格好いいものではなく、そのイベントに参加したくなるようなものです。

１点注意しておきたいのは動画の長さ。長すぎる動画は見られません。10～15秒のものを2、３本、もしくは30～60秒のものを１本用意しましょう。

ＣＦで人生を変えた人②「手島旅館の手島社長と姫萌ちゃん」

手島旅館の手島英樹さん。READYFORで「猫庭プロジェクト」を実行。２０１4年山口県で殺処分された犬猫は４７３０匹。そこで経営する旅館の庭に野良猫を保護する猫庭をつくりたいというＣＦプロジェクト。

旅館の庭に猫を保護するコンテナを置く

川辺「以前からお会いしたいと思っていまして、やっとお会いできました。私はＣＦで地域活性化できると思っていますし、中小企業にとってＣＦは有難い存在だと思っています。私も苦労しましたので、今は周りの中小企業さんを助けていければと思ってやっています。本も買わせていただきました」

手島「ほんとですか。ありがとうございます」

川辺「最初は猫が嫌いだったけれど、小学1年生だった娘さんの気持ちに折れて、猫を飼ってみたところ猫好きになって、山口県の猫の殺処分数をニュースで知ってそこからの変化ということですよね？　コンテナを庭に置くという発想はどこから？」

手島「どうだったかな。保護猫施設をつくろうと思ったときに、お客様の目につく場所というところしかなくて。うちは、父と母は早くに旅館業を引退して、実家で小料理屋をやっています。祖父母と私の世代と私の子ども世代が一緒にいるという感じなんです。祖父母に説明してもわからないじゃないですか、ＣＦって。なので、ま、いいかなと」

川辺「でもリフォームしないといけませんよね、水道もつけて。冷暖房も入れたりしたら結構しますよね」

手島「厳密には2個で３００何万なんですよ」

川辺「コンテナって1個２００万円なんですよね？」

手島「そうですね、敷地もむこうはうちのじゃないんで、旅館の上から吊るして入れたりして、色々ありましたね」

川辺「それにしても、このコンテナという発想は私にはないですね。どこかにヒントがあったんですか？」

手島「1つは、リユースっていう環境で。パフォーマンスとして」

川辺「鉄くずになるものを再利用して」

手島「ゴミになるもので美しいものがつくれるなっていう気持ちはありました。そのベースになるものは、ユニクロさんがやってたんですよ。かっこいいいの」

川辺「何やってたんですか」

手島「コンテナでサテライトショップやってたんですよ、すごくかっこいいの。大分前ですけどね。コンテナってこんな風に使えるんだと思って。まあ、何かやるんだったらコンテナ使ってやりたいなっていうのはそのときから思っていました。で、猫のシェルターつくるならコンテナでつくろうよって。ま、丈夫ですしね」
川辺「今、猫は20匹ですか？」
手島「30匹くらいですね」
川辺「娘さんが世話をしているんですか？」
手島「世話は家族みんなでやるんですが、娘がもてなしというか接客はしています」
川辺「中学生でしたっけ？」
手島「いえ、まだ小学生なので大丈夫です、中学生になったらやらないって言うかもです」
川辺「READYFORさんを選んだというのは？」
手島「そうですね、いろいろ調べていく中で社会問題というとREADYFORさんが強いかと」
川辺「他のプロジェクトをたくさん研究されたりしたんですか？」
手島「うーん、当時はREADYFORさんが中心だったので、他のサイトでプロジェクトはそんなに調べていませんでした。プロジェクトページもLPをつくるみたいな感じで。半日でつくるくらいの勢いで」
川辺「ネット通販されていたから慣れていますね。かわいい娘さんの写真もきれいですし」

手島「旅館業なんで空間とか自分で撮らなきゃだめなんですよね、カメラにも拘ったりして。そのうちパッケージとかスーパーの商品なんかも撮影させてもらうようになったり。本業じゃないんですけどね。それもやっぱりＬＰを書いていく中で、狭いページなんでばーっと文字を書いたら読み疲れおこすじゃないですか。それをどのタイミングでどういう写真を置いていくかとか、ネット通販で地元のパートナーに叩き込まれていたんで、わかってましたね」

魅力的なリターン設定

川辺「『猫庭プロジェクト』はリターンの設定が見事ですね。３０００円と1万円の寄付コース、1万円で食事券、３万円か5万円で宿泊券。10万円で猫の名づけができる権利。セミナーで価格設定の事例としてあげさせてもらっているんですが、ここでいつもみんな笑うんですよね」

手島「ある程度集まれば絶対そこに（最高値）支援する人がいるんですよね、5人いました。名づけ権は誰も使ってないですから、寄付です。半分以上がノーリターンでした」

川辺「READYFORにはそういう人が集まってますよね？」

手島「READYFORで4回やったんですけど、1回目やった人が2回、3回やってくれました。リストが活きてくるんですけど、1回目でどれくらい結果以上のものをその人たちに残せたかというのが評価になるんですよ。ある程度の数の猫を救えたり、メディアに伝えたというのが評価されて、2、3回目も上手くいきました。社会問題は、ＣＦのその後のほうが重要なんです」

川辺「リピーター、ファンづくりに寄っていけばその後はすんなりいく、と」
手島「気持ちとしては、『猫庭プロジェクト』は自分たちのものであってものじゃない。支援してくれた人たちの想いが乗っかってる。私もこの気持ちに応えないと。物を売買しているのとは性質が違うんです。支援金を出してくれた人も『自分たちもこの船に乗ってる』とコメントをくれました」
川辺「気持ちが乗っかってる。仲間ですね。支援のリピーター率は？」
手島「2回目は半分以上。3回目は代行で埼玉県の秩父市の旅館の方のをやってあげただけなんでカウントしてないです。4回目は本だけなんで寄付はなしで、本と交換。やっぱりほとんどリピーターでしたけど」
川辺「嫁さんが秩父の出身なので、感動してました。こういう旅館がもっと増えてほしいです」
手島「24時間仕事なので大変です。猫は病気になったりしますし。私たちも子どもがやってくれるんでできますけど巣立ったら困るなと。エサ代と治療費もかかります。昼間の掃除の外注も入れました。猫の病院代は月々違いますけど、多いときは月20万円とか。でも、結果としては猫ちゃんがお客さんを呼んでくれて。変な経済構造なんですけど。旅館単体だったら衰退していた会社が、猫を保護することによって旅館の集客になってるんですよ」
川辺「売上は1・3倍になったんでしたっけ？」
手島「今月はもっとすごいんです。ＤＡＩＧＯさんが宣伝してくれて。今次のビジョンが動いているんですけど。ＣＳＶです」

川辺「私は今はＳＤＧｓに繋げています。未来よしを加えた四方よしです。『ＣＦとＳＤＧｓを一緒にやっていきましょう』と」

手島「銀行には申し訳ないですけど、ＣＦって大きな可能性ありますよね。社会問題も解決していく。根本の動機というのがＣＳＲだと期限がないし、スピード感がなく目指すゴールの位置が明確じゃない。ＣＳＶだと猫が来てくれて評価されて行く中で商品が生まれている。こっちに投資もできるしスピード感が全然違います。戦略的にイノベーションが生まれやすいんですよね。色んな団体がありますが、商業と結びつくことで愛護団体と別の視点で考えることができます。

私は常に経済がベース。愛護だと寄付を募るスキルしか上達しない。現実は待ったなしですから、何年か先の政府のお金を待ってられないですよ。企業が事業と社会問題をどう結びつけるかかちっと決めれば、社会問題を解決しながらその会社のブランドの価値も上がる」

ＣＦで気づいたこと

川辺「ＣＦで気づきはありましたか？」

手島「ＣＦって、いい意味でも悪い意味でも多くの人を巻き込むじゃないですか。そういう意味でも波及力は大きいですし、金銭関係が生まれる。ということはそれ相応の関係なんです。資金を出すほうは、あなたのことを思って出す。それをわかった上でちゃんとやっていけば絆に変わって長く一緒にお付き合いしていける。『猫庭』は、CFがあったから出会えた。銀行から資金を借りてゼロからやってもこうはならなかったと思いますね」

川辺「それ、想定してなかった？」

手島「結果的に旅館にお客様を集客できるとは考えてなかったですね。ここまでなるとは思わなかったです。自分の例だとお茶ですが、お茶は売っても何も残らない。こっちはずっと繋がってる状態なんで。なんかパワーを感じます」

川辺「山口県の猫の殺処分は2000匹でしたか？」

手島「先週のニュースでは殺処分は600匹くらいになってるんです。以前と比べると1500匹ほど助かってる。僕らだけが助けているわけじゃないんですけど。きっかけにはなったと思います」

川辺「ここに猫を持って来られる方もいますか？」

手島「はい、基本的には今ほとんどそうです。ただ感染症とか受け入れられないです。検査してもらってクリアしてれば」

川辺「譲渡会は？」

手島「毎週日曜日。宣伝しなくても来ますからね。10組くらい。決まるときは3匹とか。年間100匹くらいは繋いでます。数も重要ですが、まずはこの問題を理解して保健所につれて行かないようにすることが大事。メディアを使って子どもたちから伝えていっています」

ＤＡＩＧＯさんも巻き込むビジネス

川辺「ＤＡＩＧＯさんとのつながりは？」

手島「パートナー企業が猫庭のライセンスを使った商品開発の売上の数パーセントを私たちにくれてるんですけど。その中の一社、ＴＡＴが猫庭ネイルを広めています。ネイルサロンが猫庭のネイルシールを買ってくれて。月に５００枚くらい売れているんです。ネイルをやってくれた人たちがＳＮＳで発信してくれるんで、10人やったら５０００人弱。10人フォロワーいたら５万人の目にとまる。すごいですよね。そのＴＡＴさんがＤＡＩＧＯさんを呼んでトークショーを開催したんですよ。ＤＡＩＧＯさんも保護猫家だから、ＴＡＴさんが猫庭のＴシャツをプレゼントしたら宣伝してくれたんです、着て応援してくれた」

川辺「それはよかったですね」

手島「Ｔシャツ、自分で刷ってるんで、裏に機械があります。刷ってアイロンかけてって自分でやってます」

川辺「デザインは？」

手島「娘がちょちょっと。かわいいなと思って」

手島「元々私、商売気質なんですよ。商売が成立しないと。愛護団体の人には面白くないのかもしれないですけど。でも結果出してますんでね。私たち以上の規模の会社がこの可能性に気づいてくれたら、社会を変えてしまう。ＴＡＴさんは１つのネイルの中で社会を変えていく可能性を見つけた。今、そういう時代ですね。巻き込んでいくビジネス。薄利でいい、アライアンスをとるのを増やしていきながら、税金的なイメージです。社会問題にぶちこめる資金をつくりたい。行政では難しいから」

川辺「民間の力で」

手島「寄付商品だから商品が高くなるというのは嫌なんですよ。むしろ安くなる、商品として戦えるロジックじゃないと戦えない。どれだけ必要なものとして消費され続けるかが大事」

川辺「ところでCFは地域的にはどうですか？」

手島「東京が多いですけど、沖縄、北海道、広島も多かったですね」

川辺「のべ何匹くらい譲渡されました？」

手島「270匹くらい。全部ラインで繋がって報告くださいと。虐待が多いんで。そこらへんはしっかりやらないと。序盤は回数多めにラインで報告してもらっています。福岡ではご自宅訪問が当たり前なんです。家まで猫をお届けするんですけど、要は事前チェックということです。私はそこまでやりたくないんで。何様なのかってのもあるし譲渡率減りそうですし。ラインでやりとりです。ただ認証システムは考えようとしています」

CFの支援が集まらなかった当初の対策

川辺「CFを実行してすぐの頃は、支援が集まらず悩んでいたんですよね？　ローカル新聞が来て

【図表19　ＣＦ：猫の命をつなぐ旅館】

5000匹が殺処分される山口県で猫の命をつなぐ旅館をつくりたい！

手島英樹

支援総額
4,120,000円　目標金

支援者　募集終了日
343人　2016年4月5日

プロジェクトは成立しました！

終了報告を読む

シェア　ツイート

くれたというのは、プレスリリースを出したんですか？」

手島「Facebookでメッセージを送りました。もともとは繋がっていなかったんですけど。朝日新聞のローカルです。それから地元のテレビ局。熱心に取材してくれて、早朝のニュースに出たんです。それでも認知が広がりましたね。

　地元の人たちが応援してくれて。朝日新聞がネットニュースに出してくれたので、それをきっかけに自わから他のメディアにもアプローチしました。フェイスのメッセンジャーで、力のある何社かにダイレクトメールを」

川辺「ＣＦの期間はどれくらいでしたか？」

手島「45日です」

川辺「どれくらいから支援が増えたんですか？」

手島「最後の最後で。終了の３日前くらいで60万円だったんです。『あー、もうだめだな』と。でも60％くらいいってたんで、『だめだったら自己資金でやらないと』と考

【図表20　旅館の庭にコンテナ】

えてたんですけど、ぶわっときました」

川辺「それがCFのすごいところです。All or nothing。協力が集まらなかったらゼロ」

手島「感動でした」

川辺「READYFORは、All or nothingしかやらないっていうのが凄いですよね。『CFの文化を守っていくんだ』というような」

手島「それが1つのレバレッジになってますよね。性質によるんでしょうけど。そこに期日と金額を定められたら、『頑張らないと』と。エンジン入る人と入らない人に分かれると思います。それが、READYFORのスリリングなところですよね」

川辺「何がよかったんでしょう？　もともとのコンテンツがよかった？」

手島「うーん、そんなに深く理解してなかったんですよね、やり始めてから勉強を始

【図表 21　手島氏】

めて、熱が入りました」

川辺「4回やった中で失敗やクレームはありましたか？」

手島「1回もなかったですね」

川辺「これからCFをやろうとしている方にアドバイスを」

手島「やってみる気持ちが大事なんですけど。恐ろしいのは、その後の経過がしっかり持続できるモデルであるかということ」

今後の計画

川辺「今後の計画は？」

手島「4月からエサが発売されます。それと、ＣＦで樹木葬をしようと思ってます」

川辺「場所はもう？」

手島「はい、リサーチできています。山口で」

川辺「今後は全国でＣＦのコンサル業をしていくんじゃないんですか？」

手島「旅館としての経済も成立させていかなければなら

ないので、全国ではしません。全国から山口県に人を集めたいんですよ。インバウンドまで引っ張りたい。

2000骨集めれば、2000人＋アルファがお墓参りに来るじゃないですか。『観光としてどこまでの規模にしていけるか』ですね。それをこの少人数でやっていきます」

川辺「霊園のアイデアは？」

手島「最初、人間で考えてたんで。震災以降意識が変わってきて、みんな墓じまいしています。でも人間だと地域の自治体とか宗教が絡んで難しいんです。動物だとまだゴミだから、そこに位を持たしたいんです。来年やらないと」

川辺「いつ考えたんですか？」

手島「10年くらい前からずっとやりたいと思ってたんです。後は、動画ですね。旅館のお客さんもリピーターが多いんですが、6部屋しかないんで平日はなかなか厳しいです。知名度だけじゃ。猫飼ってる人たちとの交流がたくさんあるんですけど、泊まりに来ることができず憧れのまま終わっている人が多いんです。

だからYouTubeにもっと力入れていかないと。1万人のフォロワーを10万人に。もっとストーリー的にコンテンツ化していきます。動画も自作でスマホで撮ってるんですけどね」

川辺「ありがとうございました」

第3章　空中戦と地上戦の戦い方【中級編】

1　SNSをいかに活用するのか（空中編）

SNSの活用は必須

ＣＦは、プラットフォームを公開して、ただ運試しのように終了期間を待つだけでは成功できないことは前述しました。ＳＮＳの活用は必須です。どのサービス会社のプラットフォームを利用したとしても、ＣＦはスタートダッシュが命です。実行すなわちプラットフォームの公開から24時間以内に目標金額の30％を達成できれば、そのプロジェクトは成功する確率が高まります。公開から５日を過ぎると売上は緩やかになり、終了前５日間でまた急激に伸びるという成功パターンがあります。このパターンに乗るためには、ＣＦを始める前からのＰＲが肝心です。

ＰＲのために最大限活用したいのがＳＮＳ（ソーシャルネットワーキングサービス）。Facebook、LINE、Instagram、Twitter、YouTube があります。

Facebook は実名登録が必要で、昔の知人を探したり、知り合いの知り合いと繋がることもできます。２０１９年の調べでは Facebook の月間アクティブユーザーは、世界で23億人以上。日本では約２６００万人と言われています。

ＬＩＮＥは主にメッセージのやり取りに利用されます。１対１だけでなくグループをつくって、グループ内でのメッセージの送受信ができます。

Instagram は、写真を共有できるアプリ。ビジュアルで魅せることが得意です。

ＣＦのＰＲに特に適しているのが Twitter です。個人で複数のアカウントを持つことができ、１４０字の規定があるので、空いた時間にさっとメッセージを送信することができます。フォローしたりされたりすることで、広く浅く情報発信することができます。Twitter では友人でない方＝crowd にもＣＦ情報が届きます。なので、ＣＦでは特に Twitter が効果的なのです。

最後は YouTube。動画共有サービス。ＣＦのプロジェクトページでも動画がアップできます。写真よりリアルで具体的に商品の使い方がわかったり、想いが伝わりやすい点が利点でしょう。

2　今日の成果を毎日必ず活動報告する（空中戦）

チームとあなたが頑張っている姿を示す

プロジェクトページが公開されたら、プロジェクトをほったらかしにせずにＳＮＳや人脈を使ったＰＲ活動に専念しましょう。

毎日必ずプロジェクトページをチェックして、コメントやメッセージにはすぐに返事をしましょう。

ところがコメント欄と支援金、支援者数に注意していればいいというものでもありません。

プロジェクトページには、活動報告の欄があります。活動報告は、大体どのプラットフォームにもある、ブログのようなものです。あなたが投稿すると、支援者にメールでお知らせがいきます。あなたとチームの活動がわかるように、ここにプロジェクトに関する毎日の成果を書き残しましょう。

たとえ輝かしい成果が出ていなくても、あなたとチームが頑張っている姿を示していきましょう。なぜなら人は「努力している人」を応援したくなるものだからです。その際できるだけ「人」が見える写真や内容を書きましょう。

3　チラシ・ポスターの活用（地上戦）

ＰＲはプロジェクトページだけではない

プロジェクトページを公開しただけではＰＲが足りません。チラシやフライヤーなどを作成して自分のショップがある場合はそこに置く、ない場合は見込客が行きそうなショップなどに置かせてもらう、見込客がいる場所で配る、などして地道に宣伝をしましょう。

見込客が多く住んでいると思われる地域などがあれば、ポスティングするのもおすすめです。その際の販促物には、ＬＰ（ランディングページ）のＱＲコードを載せておきましょう。

ポスターは、店舗がある場合はＣＦにチャレンジすること、いつ開始、どこで、何のためにを書いてよく見える場所に貼りましょう。

4　説明会・イベントは最低2回実施する（地上戦）

プロジェクトに知ってもらう場をつくる

ＳＮＳ、既にある実際の人脈や新しい人脈を開拓してプロジェクトをアピールし、支援をお願いできたら、次にもっと多くの人にあなたのプロジェクトについて知ってもらえる場をつくりましょう。説明会やイベントなどがそれです。あなたがあなたの言葉で直接人々に語りかけられるため、共感やファンを得やすい状況です。

私はプラットフォームのサービス会社が開催したセミナーで登壇させていただき、5分程度プロジェクトについて話しました。現在は週に1度ＣＦとアンバサダー制度に関するセミナーを開催しています。大きなイベントでなくても構いません。プロジェクト開始前から終了までに少なくとも2回は、あなたの想いと支援のお願いができるイベントを実施しましょう。

5　周囲からのフィードバックを受け入れる（地上戦）

プロジェクトをよりよくするために活かせないかの視点

プロジェクトページが公開されたら、支援者からコメントが入ったり直接質問のメールが来ることがあるかもしれません。それらのコメントには真摯に対応し、次のプロジェクトのブラッシュアップのために活かしましょう。

もちろん先に支援をお願いしていた友人や知人にも、プロジェクト実行後に意見を求めるのも有効です。万が一ネガティブなことを言われても、一旦は受け止めてあなたのプロジェクトをよりよくするために活かせないか考えてみましょう。

6 メディアに紹介されるプレスリリース方法（空中戦&地上戦）

【プレスリリース空中戦】

PRTIMESを活用しましょう。1配信3万円の有料ですが、創業2年以内のスタートアップ企業は無料でプレスリリースを配信できます。PRTIMESは保有約12519媒体中最大300媒体に配信してくれます。さらに全国紙、通信社や大手ポータルサイトを含むパートナーメディア計194媒体の中から、20媒体以上に掲載してくれるとのことです。多くのプレスリリース会社はありますが、今までの経験上このPRTIMESが業界で一番かなと思います（図表22）。

CAMPFIREとPRTIMESは提携していて、CAMPFIREのプロジェクトは3万円で通常の2倍、2回配信できるプランもあります。他にはvaluepress（バリュープレス）では無料でプレスリリースを打てるプランもあります。

【図表 22　プレスリリース配信サービス】

また、新聞社やテレビ局のホームページには情報を受けつけるフォームがありますので、そこに情報を投稿することもできます。

【プレスリリース地上戦】

プレスリリース記事を実際に「記者クラブ」に持ち込むこともできます。記者クラブとは役所や警察署などに設置されていて、新聞やテレビ局、通信社などの記者が詰めているところです。

例えば地方では、県庁にある「県政記者クラブ」、市役所にある「市政記者クラブ」になります。ここへ実際にプリントアウトしたプレスリリースのＡ４の紙を持ち込みます。

プレスリリースの空中戦や地上戦をすることで、必ず新聞掲載やテレビに出演するということではありませんが、プレスリリースをすることで、その可能性がグッと上がります。ＣＦを成功させるためには、必ずプレスリリースを打ってほしいです。

私もＣＦでプレスリリースを打って、新聞に掲載され、テレビに出演できました。そして、人生を変えることができました。そのためにはプレスリリースにかかる労力を惜しまず頑張ってほしいです。

CFで人生を変えた人③「和歌山のベンチャー企業が1億2800万円集めた」

折り畳み式電動ハイブリッドバイクのプロジェクトをMakuakeで実施。約1億2800万円の支援金を集めた、和歌山の株式会社glafit、鳴海禎造社長です。

試作のバイクを本社で乗り回す

川辺「CFをされてからもう3年くらい経ったんですか？」

鳴海「2年ちょっとです」

川辺「Makuakeさんに決めた基準は？」

鳴海「大企業を選ぼうと思ってました。どこが大企業かなと。サイバーエージェントってついてるからMakuakeさんが大企業っぽいなと。それだけです」

川辺「Makuakeさんに通ったんですよね？」

鳴海「審査に落ちたからです」

川辺「1億って書いて、『こんなに集まるんか』って落とされて。そもそもうちの計画が現実味がなかったと。最初は納得いかなかったですよ。だから何度も食い下がった。計画を練り直した？」

鳴海「メールや電話では埒が明かないから会いに行って、支社でもあかんから本社に行って、と繰り返してようやく認めてもらえました」
川辺「それで本社に行って社長に会ったですか」
鳴海「試作中のバイク持って行って、本社で乗り回したんですよ」
川辺「試作をつくるの大事ですよね。作成にどれくらいかかりましたか？」
鳴海「1年半くらいです。試作が中国の深センでつくってできあがったんで2015年1月から（CFを）スタートしたんですよ。今、月に5、6回講演しているんで資料がいっぱいあります」
鳴海「もともとCFを特別だと思ってないので、ネットの予約販売のつもりでやっていたので、ここまでクラファンに対するフォーカスが強いっていうのが予想外でした」
川辺「新しい展開ということでしょうか？　CFはストーリーが描ける。共感性で商品を高く買ってもらえる。ネット通販はいかに安くかってもらうかですよね？」
鳴海「モノ以外に関してはいいと思いますよ。READYFORさんなんて台風19号の支援をどこよりも早くやってる。他のプラットフォームでも、色んなとこで色んな手法で応援しようって人たちがいるのはいいことですよね。日本赤十字に電話してとか煩わしくなくできるなと」
川辺「それがいいところですよね。要は（CFのタイプを）区別して考えなあかんのかなと」
鳴海「分けたほうがいいと思います。株式やらモノやら寄付型やら全部一緒にしたらわけわからん」
川辺「年配の人たちは金融形のCFが先にきてるんですよ。それとは違いますと先に言っとかないと」

鳴海「うちのやつに出資っていうのもほんとは不適切。予約販売ですから」

川辺「購入ですもんね。出資じゃない。私は、中小企業のメーカーさんにＣＦを使ってもらいたいんです。今まで地元の団体が祭りをするのにとか、商店街活性化などによく使われていますが。BtoB、卸でやってる会社がBtoCできるというのがいいと、声を大にして言ってます。それもありですよね。そこでの注意をして。よく見ると大体海外で流行ってるやつを日本に持ってきてそのまま出すっていう。それがあかんのですよね？」

鳴海「Makuakeさんですごいなと思うのは、アワードの表彰のスタイルを変えたんですよ。今まで単に金額でいってたんですけど、金額いってもトラブル続出っていうのもあるんで、そういうのを表彰しなくなったんですよ。で、ちゃんと中身で金額に関係なく、ちゃんと生まれるべきもの、世に出すべきものをＣＦでできたというのを表彰するようになって。すごくいいことだと思います。まじめやなと」

鳴海「今でも流行り輸入商売みたいなのをやってるけれど、それで集まったからといって、それを表彰しないですからね」

川辺「鳴海さん、何賞とったんですか？」

鳴海「ゴールドです、２０１７年。僕ほんとに色んなこと経験してるんですけど、ＣＦってこんなに大きい要素になるとは思わなかったですね」

ＣＦを始めることになった理由

川辺「サラ金地獄も経験されたんですね？」

鳴海「ええ、取引先が潰れてしまって。車のカスタマイズチューニングする仕事やったんですけど、車を納車し車代を回収する前に潰れて。どっちもサラ金に取り立てられてたんでなんとか取り返そうとしたんですけど、社長も自己破産してお手上げしたんで。それでぼくも追い詰められて、考えたのが、そこで働いていた従業員に責任転嫁。そしたら体で返しますと。２カ月間タダ働きしてくれることになって。その倒産した会社のエンジニア２人っていうのが、実は今回のバイクつくったので、今のうちの役員なんですよ。借金の代わりに働いてくれた」

川辺「すごいな。（倒産した会社の）社長が悪いわけですよね？」

鳴海「結局お金は回収できなかったんですけど。で、新会社もつくって。車の販売なんですけど海外まで手を伸ばして売上を伸ばそうとして。ここに集中しようと思って、人を雇って。２００８年７月７日ですけど、そしたら2か月後に事件が起きて」

川辺「リーマンショック」

鳴海「輸出ビジネスが完全に破綻してしまって。ここで初めてパスポートとって海外に1人で旅に出るんですけど。そこで中国に着いて、中国におちたという。中国から商材をこっちに持ってきて、ネットで売るというのが軌道に乗って。これでV字回復。自分たちで企画商品を開発して、中国の工場で量産して、香港と中国に法人を立ち上げて。ゼロから。人も現地で採用活動もして」

川辺「部品の？」

鳴海「部品、パーツ改良ですね。金銭的なピンチが何度も訪れてて、落ち着いた頃それまで全く気にしてなかった、人の問題がでてきて。そこで悩んでて人に相談したら、この本でも読んでみたらと。２０１１年。この本に衝撃うけて。この人の考えを自分らが取り入れたい、そしたらうまくいくんちゃうかと思って。で、会いに行ったんですよね。結果的に弟子に入れてもらったのが２０１１年。そこで色んな話を聞いて、根本的なことを教わって。で、結局自分たちの理念、ビジョンをつくり上げて、これを２０１２年7月に社内に発表した。メーカー構想を立ち上げて、メーカーとして名前を考えたんです」

川辺「和歌山に残るんですね？」

鳴海「ええ。社内用のキックオフの映像をご覧ください。こうして車つくるぞって。でもどうやってつくるかわからなかったんで。トヨタと本田とかスズキとかにも絶対1年目があるんでどうやって、今に至ったのかと調べたら共通点がわかりました。実はみんな、自転車にエンジンをつけた自転車バイクから始まった。そのころ大久保塾（ビジネスについて学んでいた）の卒業試験があって、プレゼン、2回落ちたんですけど3回目でこの案出したんですね。そしたら『素晴らしい、ほぼ満点だ』と言ってもらえて。

自信もって『この事業やろう』と決めて２０１５年にスタートきったんですが、また結構ピンチで。要は事業が傾いてきたんですね。２０１５年急激に円安が進んでいて、１ドルが１２０

数円やったんです。リーマン直前の頃と同じくらいの円安に戻ってて。国外でつくる商流が足かせになりました。リスクあげ出したらきりないけど、初歩的なことで、売れると思ったけど売れなかったということだけは避けたいと。そのために『ＣＦで世に問う』と決めました。

楽天の予約注文でもできるんですけど、基本的にすぐ届くことが前提じゃないですか。届くの１年先でお客さんが許容できるか。ＣＦは基本的には注文が集まったらつくりますよと。で、こっちのほうが合うかなと。新しさもあるし。それくらいの感覚です」

鳴海「楽天とかYahoo!と比較して。試作をつくってその後に、ホームページとか作成。だから今量産してるの試作品とは部品がほぼ違うんですよ。でもそこはぱっと見てわからないんで。全然違うんですけど。ぱっと見に雰囲気は変わってないんで。でき上がった後、ＣＦ申し込んだんですよ。申し込んだら落ちたんですよ、で、こっちも必死で本気度を伝えた」

熱意が伝わり、記者会見から広がる

川辺「この製品発表会は？」

鳴海「全部Makuakeさんでやってくれたんです。最初断られたじゃないですか。僕、バイク乗り回しましたけど。最初できそうにもないし、胡散臭い、ややこしいと思われたわけですよね。でも熱意を伝えて伝わった、でもこれ、文章だけやったら、誰にも伝わらん可能性ある。まず身近なところで記者さんとかに、これほんとにやるかもしれない、こういうものをつくるかもしれないことが伝わらないと届かないんちゃうかなと思ってくれて、Makuakeさんの指導で記者会見をさせてもらおうと。で、その後全部セットしてくれて」
川辺「こんな事例は他にもあるんですか？　Makuakeさんが記者会見を」
鳴海「あるらしいです、でも全部やってるわけじゃなくて。うちの場合は全国に向けて発信したいモデルでかつ普通には伝わりにくいから。和歌山から初めてで信憑性に欠けるし」
川辺「やるとなったら全力で応援しますと。記者会見やってメディアが取り上げてくれたんですね？」
鳴海「くれましたね。おかげさまで。どっかで終わると思うじゃないですか、いまだに取材がずっと来ています。1回やっても1年経ったら後追いでまた。月に少なくとも5、6本は何かに出てます」
川辺「テレビ、新聞、雑誌……」
鳴海「はい、何かしら。おとといも記者会見したので、20社以上に取り上げてもらって。東京で」
川辺「CFがきっかけで」
鳴海「その後また会社つくったんですよね。必要があって分けたんですよ。まず、貿易のときは税制上の問題で分けざるを得なかった。glafitは資金調達前提だから。それ最初から考えてたんで」
川辺「その後の山場は？」
鳴海「CFを見て企業（ヤマハ発動機株式会社）の方からメールが来たんですよ、一担当者から。1回ちょっと教えてくださいって。そこでお会いして。そこでなんか一緒にやりましょうよって。だったらお金くださいよって。そしたら自分ではなんとも言えないから上司に聞きますと。

その後課長さんに会って。同じこと言われて、部長に。次、本部長に。次に役員に。社長に」
川辺「商品力とか情熱を買ってくれたわけですか？　特許があるとかそんなんじゃなくて」
鳴海「それってビジネスの師匠にも習ったことなんですよ。強いものには巻かれろ。その強さって腕っぷしの強さじゃない、人は想いの強さに動かされると」

ＣＦで大事なこと

川辺「ＣＦで大事なことって何でしょうか？」
鳴海「簡単には諦めない、強い想いを育てることが一番大事。僕も諦めてたら、そこで終わってたものがたくさんある。振り返ったら曲線ばかりで。サラ金地獄、取引先倒産、リーマンショック、ＣＦ審査落ちた。でもそれを越えられる強いビジョンがあったからできた」
川辺「伝えていかないといけませんね。パナソニックさんなど企業と今後動きはあるんですか？」
鳴海「協業した色んな形をちゃんと出せる予定です」
川辺「ＣＦで？」
鳴海「ＣＦを使うかどうかは……。そんなに何回もＣＦ使うのがいいのか。どうですかね」
川辺「私は何回もやるほうです。20回くらいやってます。細かいやつを。私はＣＦが当たり前の世界にしていきたいなと思っていて。１回テストマーケティングでやってみるといいですよと」
鳴海「そうですよね、そういう意味で言ったら。うちの場合もよくも悪くも第三者同士で資金調達してるじゃないですか。ＣＦしてみて商品をつくるかどうか検討するんじゃなくて、もうつくりたいものをつくるためにお金をもらってるんで。一般の方からお金を先にもらってるんじゃなくて、企業からお金をもらってるんでね、信じてもらってるからそれをつくろうかと」

川辺「販売のツールとしてＣＦで？」

鳴海「結局ずっとそこで売り続けることはできないじゃないですか。最初始めるきっかけとして、適切だと思えばやりますけど」

川辺「売り方として30名限定40％引きとか」

鳴海「それはアリだと思います。正直。活用としてはそれだなと。限定感。初期だけの」

川辺「そういう使い方はこれからもしていきますか？」

鳴海「それはありかも。金額を追わないとあかんかったら、それをやり続けるのは違うかなと。最初のスタートだけなら」

川辺「シリアル番号書いての？」

鳴海「そうですね」

川辺「これからＣＦする人へのアドバイスをお願いします」

鳴海「結局多少の困難はあるんですよ。それってＣＦやった後にもおきるんです。お客さんとのやりとりとか。それで投げ出すか、なんとしてでも乗り越えるかは、『強い想い』、『これを世に出したいという想い』が強くないと。まあ、どっちになってもいいわだったらうまくいかない」

川辺「情熱を持ってやろうと」

鳴海「そうですよね、そこの軸がないとちょっとした躓きですぐやめてしまう。何で上手くいかんかったか振り返ると、『そこまでの想いでやっていたか』というところに行きつくのでは」

川辺「セミナーに来ても10％、20％くらいしか実際にやらない」

鳴海「Makuakeさんでやってみて、今でも商品の申し込み半分くらいはMakuakeさん経由なんです。あのサイト、集客になってるんですよね、ユーザーになっている人が購入してくれてる。残り半分は新規のお客さんですが。うちの商品の購入者は、ほぼ男です」

川辺「最後にCFをしようとしている方に向けて、まとめを」

鳴海「客観的に考えると、自分たちがやったことは、モノをしっかり頑張ってつくってくれる仲間がいて。あとはそれを信じてただそれを世に広めたかったから、お願いしに行って、想いが伝わったからMakuakeさんのメンバーもまるでうちのスタッフのように動いてくれて、記者会見までやれて、全部のピースが整ってできたのが、今やなと。どれが欠けてもだめだったなと。実際その仲間集めも大変やったんです。

さっき見ていただいた動画も自分たちでつくりましたが、あそこまでのクオリティは難しい。誰でもできることじゃないから、トップクラスのメンバーを集めました。１００万円、２００万円かかる世界ですよ。お金がないから、動画作成自体をＣＦにして、色んな人に会いに行って、「仲間に入ってくれませんか」とお願いしました。普通に外注先探し１００万円、２００万円

【図表 23　鳴海氏】

出してってできないじゃないですか？　お金ないけど成功させたい。いいものつくりたい。正規の金額払えないけど妥協したくないから頼みました。『このプロジェクトに乗ってもらって、成功したら払います。それでもやってくれますか？』と。何度も断られて、『面白そうや』と言ってくれた人と作成しました」

川辺「凄いですね」

鳴海「CFセミナーでいつも言うことがあります。『CFはCF前からスタートしている』僕もこうやって準備の段階からCFしてたんですよ」

川辺「最後の支払いは？」

鳴海「最後は100万円とか払いました。ホームページも100万円、ディレクターとかみんなに100万円とか。でもなんか気持ちいいですよね、上手くいった、ありがとうって」

川辺「いいお話をありがとうございました」

鳴海「こちらこそ、ありがとうございました」

第4章　クラウドファンディング（CF）の前と後【上級編】

1　本番が始まる2～3か月が大事、準備が8割（前）

いつどこで誰に会っても熱意を持って話せるように

Ｗｅｂサイトやブログ、ＳＮＳを駆使して不特定多数の人にＰＲし支援をお願いすることは大切ですが、最も効果的で重要なのは、直接お願いすることです。

家族や親戚、友人、知人に連絡をして支援を頼むだけではなく、チラシを配ったり、地元の有力者、例えば市長や知事、教授や自治会などの会長、タレントなどの有名人に何らかの形でコンタクトを取って支援のお願いができないかチャレンジしてみましょう。

私の場合「真田幸村博」のプロジェクトをFAAVOで実行してほしかったため、何のつてもありませんでしたが、Facebookで「真田幸村博」の主催者である大阪市天王寺区の区長にメッセージを送り、お会いいただくことができました。著名人にお願いする際、ただ支援金をお願いするだけでなく、プロジェクトに巻き込むようなアプローチができれば興味を持ってもらいやすいと思います。支援金だけでなく、プロジェクトページに応援コメントをいただくだけでも多大なメリットがあります。

ＣＦでは、商品力がよほどない限り、支援のお願いなしに成功はできません。読むと「なるほど」と思われるかもしれませんが、羞恥心やプライドが邪魔をして、この「お願い」ができない人が結構多いのです。５分程度で話せる熱意のこもったプレゼンを準備し、いつどこで誰に会ってもあなたの想いをアピールし支援をお願いできるようにしておきましょう。

2　本番告知のためのランディングページ（LP）を必ず制作する

無料で簡単につくれるＬＰ

ＣＦでプロジェクトを実行しようと決めたら、ＣＦのプロジェクトページを完成させる前にするべきことがあります。それは本番告知のためのランディングページ（ＬＰ）をつくること。繰り返しますが、ＣＦはスタートダッシュが肝心です。

プロジェクトを開始して24時間以内に目標金額の30％に到達すれば、95％の確率で目標金額が達成できます。一方、24時間以内に30％達成できなかった場合、達成率は29％。この違いは明らかです。

そこでプロジェクト開始と同時に支援してくれる人が必要です。友人や知り合いに前もってお願いするのはもちろんですが、もっと多くの人に初日からあなたのプロジェクトを支援してもらうためには、広告として公表することが大切。広告と言っても今はなんと、無料で簡単に自分でつくれるサイト上の広告があるのです。それが、ＬＰです。

ＬＰは、主に商品やサービス、イベントなどを紹介することに使われる、縦長１枚のページ。あなたも一度は見たことがあるのではないでしょうか？　ＬＰがつくれるツールを提供している会社はたくさんありますが、おすすめは「ペライチ」です。１ページのみの対応ですが、無料で利用できます。もちろんページ数を増やしたい、アクセス解析などのサービスも利用したいのであれば有料のプランを利用することになります。

ＣＦで成功させるための流れ

ＣＦで成功するための流れとしては、こうです。まず、ＳＮＳからＬＰに人を集めます。ＬＰでは、〇月〇日、ＣＦを開始、『支援をお願いします！』ということを記述した上で、あなたのプロジェクトについて、ＣＦのプロジェクトページと同様に述べます。ＣＦのプロジェクトページは、プロジェクトの開始までは公開できないので、ＬＰで告知するということです。

その際、ＣＦのプロジェクトページのＱＲコードを掲載しましょう。ＱＲコードを掲載することで、スマートフォンから簡単にＣＦのページの該当ページに移動することができるので、手間が省ける分、支援したいけれども面倒臭くてプロセスの途中で離脱してしまう人を減らすことができます。

ＬＰページはＣＦ開始日の１か月前くらいには準備しておきたいものです。１点注意しておきたいことがあります。

ＬＰは簡単につくることができますが、つくって置いておいても多くの人に見てもらえないので、

【図表 24　ＰＲで支援者を案内する】

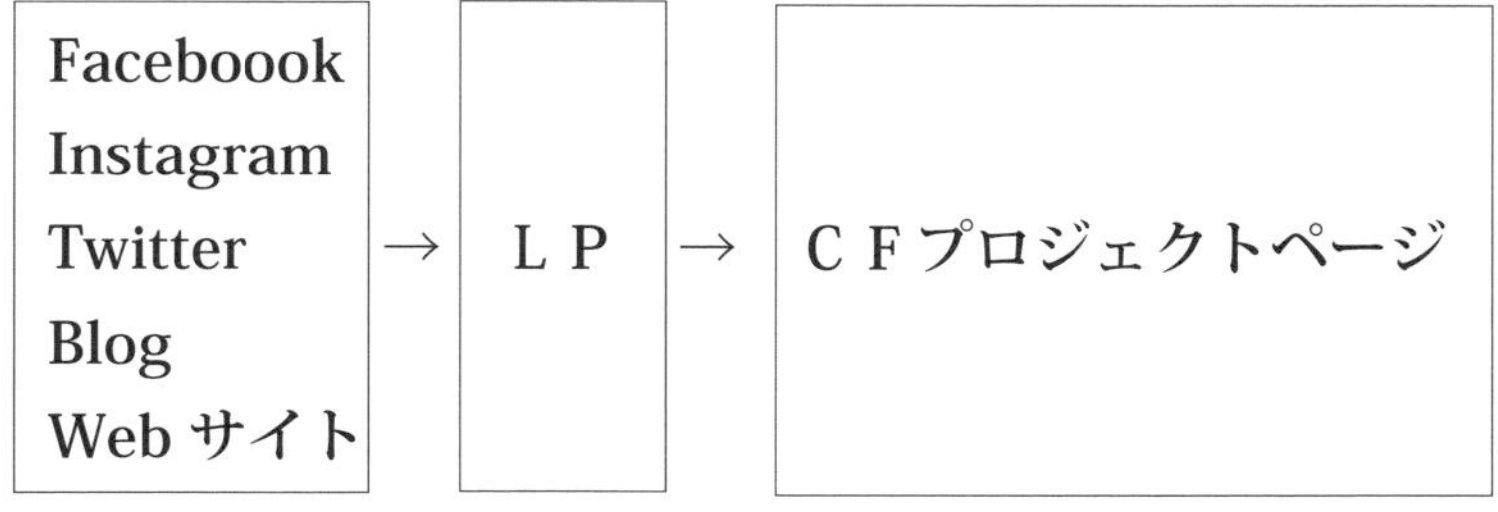

【図表 25　プロジェクト開始日をカウントダウンする】

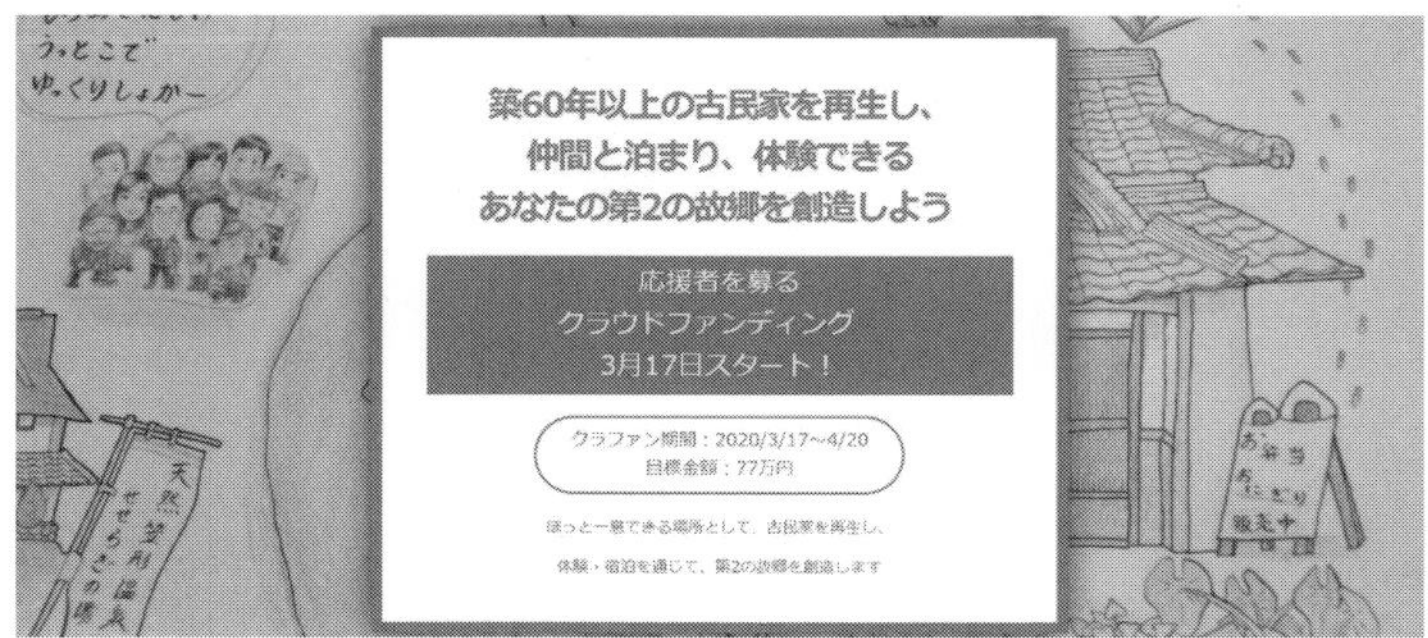

SNSやコンタクトを利用して見てもらうように促すことが必須です（図表24）。

LPには、次のことを記載します。

・販売するモノ、サービス、イベントなど
・〇年〇月〇日　CFスタート
・CF期間、目標金額
・プロジェクトの詳細
・プロジェクトに対するあなたの想い
・リターンと金額の詳細
・応援メッセージ
・画像

文字が続くと読みづらくなるので、文章に関連する画像を適所に入れることが重要です。そして、このLPの目的は後に始まるCFで支援してもらうことなので、大きくわかりやすく「CFでの支援をお願いします」と書きましょう。

もう1つ大事なポイントがあります。CF本番がスタートする開始日をカウントダウンしていくことです（図表25）。「あと3週間」「あと2週間」「あと1週間」「あと5日」「あと3日」「明日スタート」とLPを更新して活動報告を掲載し、その様子をSNSで拡散していきましょう。本番CFがスタートすると、そのときからSNSで拡散するページは本番のCFページになります。

３　ＬＰ制作するのに最適なサービス会社「ペライチ」紹介（前と後）

ネット通販も可能

ＬＰをワードプレスなどで構築することもよいですが、もっと簡単に作成する方法があります。それは２で述べた「ペライチ」というサービスを利用する方法です（図表26）。メールアドレスが１つあれば、１ページＬＰを無料で作成することができます。

私自身もよく利用していますが、２時間もあれば簡単に作成でき、そしてすぐにインターネット上へ公開できます。有料になりますが更に、このＬＰにショッピングカートを付けることができ、ネット通販も可能です。これはオススメのサービスです。皆さん是非、活用してみてください。

４　ＬＰで仲間、関係者、アイデアを集める方法（前）

多くの人を巻き込むために

ＬＰの役割はＣＦを開始することを多くの人に知らせる「告知」が一番大きな目的ですが、もう１つ、大きな役割があります。ＣＦで成功させる秘訣の１つに「多くの人を巻き込む」ことが大事です。ＣＦの本番が始まってしまうと、人はそのプロジェクトには関わることができないと思ってしまいます。

しかし、ＣＦ本番が始まる前はそのプロジェクトの関係者として関わることが可能です。ＣＦ本番が始まる2～3か月前にＬＰを立ち上げ、このＬＰを使って仲間や関わりたい人、協力者を募集するのです。

図表27のように申込フォームを設置し、協力してくれる方を募集します。

さらに、そのときにご意見やアイデアも募集します。

「リターン（お返し）」をどうすればよいか、ＣＦ挑戦者は最後まで悩むものなので、協力者の募集と一緒にリターンのアイデアも募集しましょう。このＬＰを使って、このＣＦに興味を持ってくれている潜在的な支援者とコミュニケーションを取りましょう。このフォームで連絡をくれた方は、あなたの活動に興味を持っていて、関わりたい方で、将来的に支援者や仲間になってくれます。とても大事な人になります。

ＣＦの成功の秘訣は「参加型」のプロジェクトにすること。「一緒にこのプロジェクトをやりませんか？　そして、よい世の中をつくりましょう」と多くの人に参加を呼びかけましょう。

また、大事なことはこのＬＰをTwitterやFacebook、Instagram、LINEなどのＳＮＳで拡散することです。できる限り多くＳＮＳをフル活用しましょう。ＣＦが始まる2～3か月前からＣＦプロジェクトは始まっているのです。ＣＦの成功は大きな割合で「本番の2～3か月前の準備」にかかっています。

【図表 26　ＬＰ制作に最適な会社「ペライチ」】

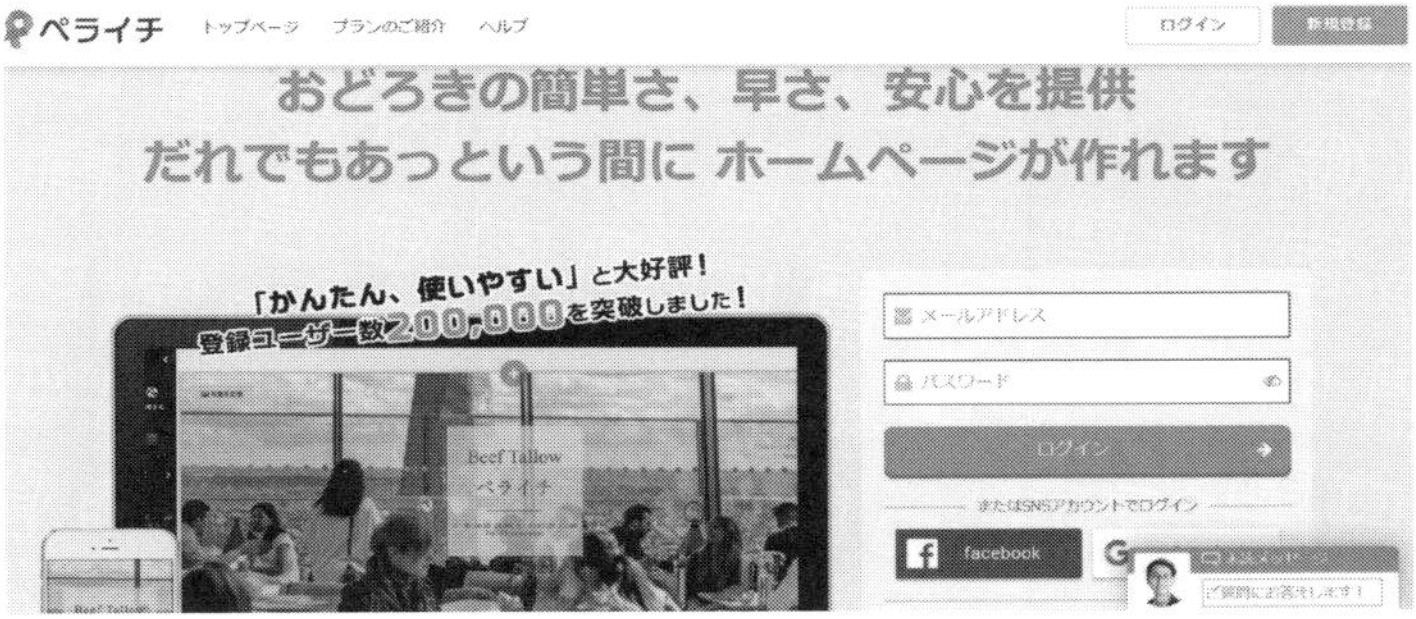
ペライチ
トップページ
プランのご紹介
ヘルプ
ログイン
新規登録
おどろきの簡単さ、早さ、安心を提供
だれでもあっという間に ホームページが作れます
「かんたん、使いやすい」と大好評！
登録ユーザー数200,000を突破しました！
メールアドレス
パスワード
ログイン
またはSNSアカウントでログイン
facebook
Beef Tallow
ペライチ
ご質問にお答えします！

【図表 27　申込フォームの例】

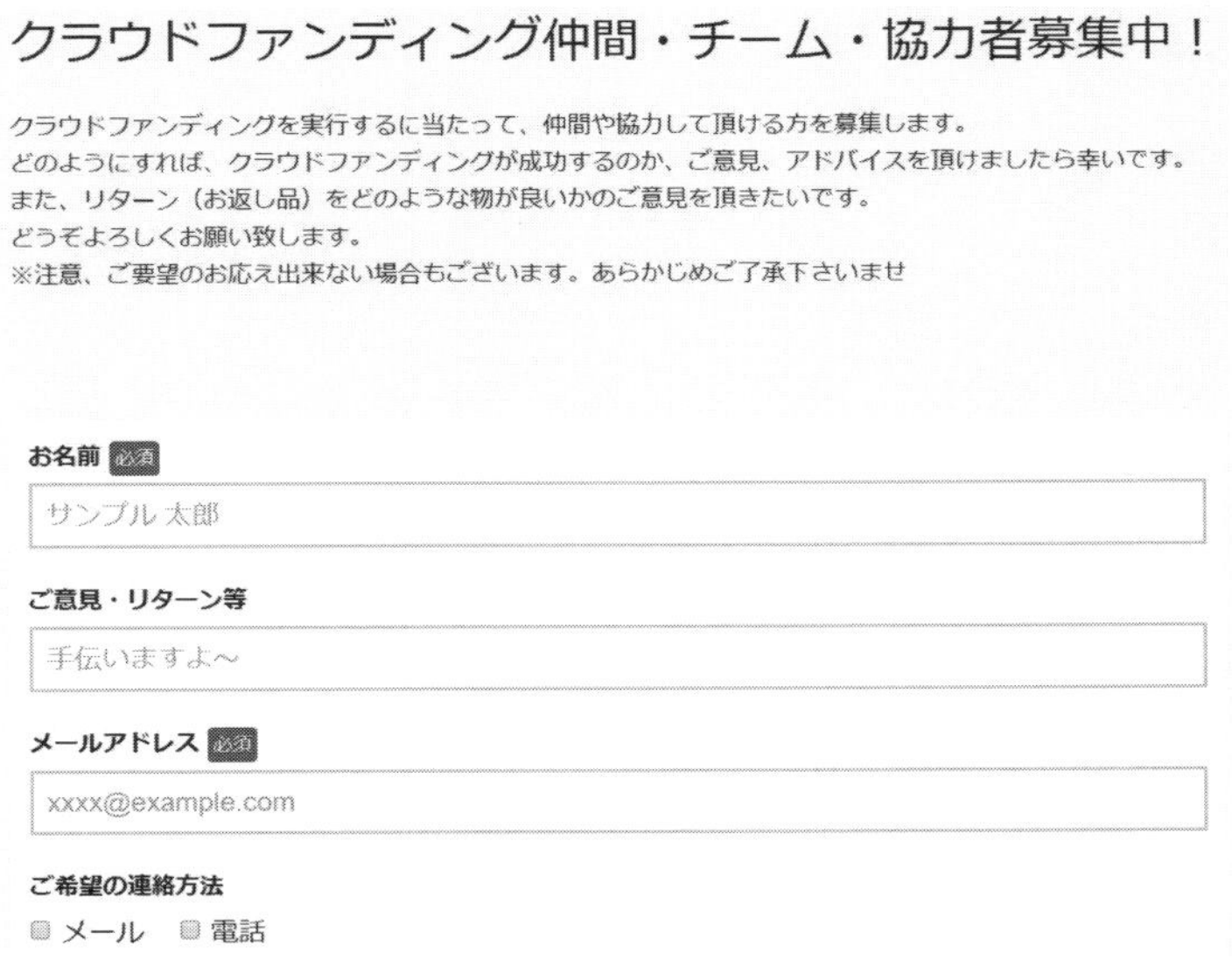

クラウドファンディング仲間・チーム・協力者募集中！

クラウドファンディングを実行するに当たって、仲間や協力して頂ける方を募集します。
どのようにすれば、クラウドファンディングが成功するのか、ご意見、アドバイスを頂けましたら幸いです。
また、リターン（お返し品）をどのような物が良いかのご意見を頂きたいです。
どうぞよろしくお願い致します。
※注意、ご要望のお応え出来ない場合もございます。あらかじめご了承下さいませ

お名前 必須

サンプル 太郎

ご意見・リターン等

手伝いますよ～

メールアドレス 必須

xxxx@example.com

ご希望の連絡方法

メール　電話

5　ＣＦ期間が終わった後も支援者を逃がさない方法

ＣＦ終了後も取り逃がさないように仕組みづくりを

「支援しようと思ったのだけど、ＣＦが終了していた」とよく聞きます。

これはとても残念なことです。実際に「ＳＮＳで拡散された情報を見て共感し、後で支援しようと思っていたけど、忘れていて後で思い出し、いざ支援しようと思ったら、そのＣＦは終了して支援ができない」という状況はよく起こります。その場合、貴重な支援者を逃がしてしまうことになりますし、支援したかった人も残念な気持ちになります。

こうならないように、ＣＦが終了したら、ＣＦのページを編集し、「こちらで支援できます」「こちらで購入できます」とすることが大事です。

Makuake ならば、Makuake ストアというものがあり、そちらでＣＦの成果物を販売することができます。CAMPFIRE では BASE というネット通販ショッピングカート会社と提携をしており、CF 終了後は BASE のショッピングカートをすすめています（図表28）。

無料でネットショップを開設

ＢＡＳＥ株式会社は２０１２年より無料でネットショップが開設できるというサービスを開始、

【図表28　ＢＡＳＥのネット通販】

２０１９年10月25日には東京証券取引所マザーズへ新規上場を果たし、現在急速に成長をしているＩＴベンチャー企業です。２０２０年５月にはＢＡＳＥのシステムを使ったネットショップが１００万店に達したそうです。ＢＡＳＥの鶴岡ＣＥＯが学生時代にCAMPFIREでインターンシップをしていた繋がりで、CAMPFIREの家入社長とＢＡＳＥの鶴岡ＣＥＯは凄く仲がよいのです。

無料でネットショップが開設できるＢＡＳＥは実際に商品が売れた際に手数料がかかります。商品代金と送料の合計金額に３％のシステム使用手数料が引かれます。また決済手数料も別途３・６％＋40円の手数料もかかります。

または、ＣＦ本番前に活用していたＬＰを再活用して、ＣＦのページを編集して、ＬＰへのリンクを張り、ＬＰにショッピングカートを付け、ＣＦ終了後も支援者をＬＰで受け止めることもできます。

このようにして、大事な支援者もＣＦ終了後も取り逃がさない仕組みが必要です。

CFで人生を変えた人④「フライパンで世界中から注文殺到」

大阪府八尾市の藤田金属（株）3代目専務取締役、藤田盛一郎さん。デザイン会社TENTとコラボした「フライパン10」がKickstarterで大成功を収めました。

海外の展示会から差別化

川辺「どのようにKickstarterさんを思いついたんですか?」

藤田「思いついたというか、海外に売っていきたいという思いがあったんですけど、通常のフライパンで海外で売れるとはさらさら思っていなかったんですよ。3、4年前くらいから海外の展示会にずっと行っていたんです。ドイツやシカゴの家庭用品の展示会です。それはあくまでもうちのフライパンを売りに行くっていうよりも、まあ市場を見せてもらって実際戦えるのかどうかっていうことを見に行ってたんです」

川辺「マーケティングとして」

藤田「実際行ったら無理やと。あれだけフライパンメーカーがあって、知らないのもむちゃくちゃあって。じゃあ、どうするべきなんかなと思いながらずっと進んでたんです。毎年今年はドイツ行こう、シカゴ行こうと言って。でも頭の中だけではどうしようもないなと思っていたところ繋がりでいいデザイナーさんと会えたので1回やってみようと。それでできたのがこの商品です。うちは、プロダクトデザインは初めてですから。初めて使わせていただいて国内で２０１９年1月からスタートして、出だしから結構ばっといきました。

後はもうＳＮＳでばーっといろんなお客さんがあげてくれて今もずっと売れている状態で。だからうちはほんと宣伝ほとんどせずに売れている状態です。そのときに『いや、待てよ。これ海外にないな』という部分があって、『これ海外に持って行ったら売れるんじゃないの』と、意識が海外に向いたのです。『国内はこれで売れてるしもういいわ』と。海外で売る前に海外の展示会に出なあかんなと思ったんですけど、その前に Kickstarter さんをやってみて、どんな反応がくるか見たいなと思ったのです。

Kickstarter さんもうるさいじゃないですか。販売してたら絶対アウトなんで。それでうち、最初ＳとＭという2種類のサイズを出してたんですけど、Ｌと深型を出してやってみようかと。海外の人は大きいサイズを好むので。10月の頭から1か月やり始めました」

川辺「３５０万円くらいですか？」

藤田「トータル３８０万円くらいかな。実質は３５０万円くらいなんですけど、終わった後にメッセージが来るんですよね。買いそびれたとか、買った人が追加したいとか」

川辺「すごいですね。割合ってどれくらいですか？　何人とか」

藤田「日本人も5名くらいいましたね。日本人は5名ですけど、日本人は普通にこっちで買えるんで。今、6000円、7000円、8000円と価格ありますけど、Kickstarter さんでは4000円プラスで売ってるんで」

川辺「高く」

藤田「送料が必要になってくるので。なので、僕は日本の人は『こっちで買えますよ』って言ったのですよ。でも言ったら、『いえ、応援したいんで』って。5人中5人全員キャンセルしなかったですね」

川辺「すごいですね」

藤田「まあLサイズが出てなかったから。というのもあって。だから圧倒的にアメリカが多かったですけど、カナダ、ヨーロッパも多かったですね。ドイツ、多かったですね」

川辺「大体アメリカ人50%くらいですか？」

藤田「そうですね、50%くらい、カナダ10%くらいで後はバラバラ。中国、香港、韓国もおられましたね、南アフリカとかイスラエル、イランとかも。いろんなところ。シンガポールも3、4件あったかな。『これは展示会に出展しなあかんな』となって、そのタイミングで展示会の話も今年の1月にパリの展示会があったので、出ようと。その前にも JETRO さんからドイツの展示会の話もあったのでそれも出ようと。1、2月とフランス、ドイツと展示会に出ました」

川辺「展示会の反応もよかったのですか？」

藤田「よかったですね。実質イギリスにサンプル送って、香港ももう出しまして、スペインのバルセロナとイギリスと韓国のテレビショッピングか。大きいところはその3つが同時進行で動いている感じです。ただまあコロナの影響でスペインやイギリスは厳しいかもしれないですけど」

川辺「面白いですね。出荷はどうなってるんですか？」

藤田「全部ここからＥＭＳとＳＡＬ便という航空便で行きました。国際Ｅパケットライトっていうのがあって2キロ以内だったら安いんですよ。モノによっては国際Ｅパケット便を２つに分けてとか。社内でやって。６００弱やったかな」

川辺「夢がありますよね」

藤田「でも来たときは、『どうしよ。これ、つくらなあかんな』と。セットアップするのが大変やなと思って」

川辺「納期はどのくらいとってたのですか？」

藤田「結構とってたんですよ。10月の10日から始めて11月の10日に終わったんですけど、『基本年内に発送します』っていう形で流したので。『地域によっては年内に着く場合もあります。着かない場合もあります』と。郵便局には着かないと言われましたが、結構着いてましたね。追加もありました。『やっぱりこっちもほしい』と」

川辺「予想以上に？」

藤田「きましたね」

川辺「拡散とかはせずに？」

藤田「あれだけはしました、ＰＲタイムスのアメリカバージョンがあるんですよ」

川辺「プレスリリースですね」

藤田「そうです、プレスリリース1個打っただけですね」

川辺「ウェブメディアに載ったんですか？」

藤田「ちょこちょこ載りましたね。国内からも大きいところがきました。ただ1つ失敗しているところがあって。うちははじめ Kickstarter さんで、６０００円プラス４０００円で1万円になるんですけど、送料を別でしたので、商品代６０００円、送料プラスして４０００円。トータルで1万円になるっていう。

出だしすごく悪かったんですよ。『これとこれがほしい。２つ買うから４０００円やろう』っていう問い合わせがめっちゃ来ました。『これやばいってな』って、途中から込みにしました。送料込みに打ち換えて、そこから延びました。あれは込みにしないとあかんなと。はじめ1週間くらいでやりましたね。出だしが重要なので、初めからやっていたらよかったかもしれない。『商品６０００円で送料４０００円って高くね？』ってなったと思います」

川辺「みんなまだ Kickstarter 知らないと思うんですよ」

藤田「今後また Kickstarter から今年やると思いますよ。秋ぐらいにやりたいなと思っています。

これの関連商品になるか、完全に新商品になるか迷ってるところなんですけど。もうもともとの土台はうちらあるので、それでもう1回やろうかという感じです」

今後の展望

川辺「今後もずっとKickstarter さんでいこうと?」

藤田「基本そうしようかなと思っています。INDIEGoGo さんも考えたんですけど、『1本でいったほうがいいんじゃないですか?』っていう話になって、『じゃあ1本でいこうか』って。だから次もKickstarter さんでやって、1月や2月にドイツの展示会に出てっちゃうのを繰り返しやっていきたいなって思ってます。今だから1月のフランスはデザイナーチックな展示会やったんで、2月のドイツの展示会をメインにおいて、8月のＮＹの展示会があるんでね、その2つはずっと3、4年は出たいなと思っています」

川辺「海外の展示会に出るっていうきっかけは何やったんですか?」

藤田「これです（商品の書類を指さす）」

川辺「へー、こっから」

藤田「これができたからです。これができてなかったら絶対行ってなかったです」

川辺「お洒落ですもんね」

藤田「お洒落ですし、海外になかったんですよね、フライパンがお皿になるという発想がなかったので、これやったら戦えるなと」

川辺「先に展示会行っていて、ない商品をマーケティングしていたから、そのアイデアがよかったんですね」

藤田「そうです。色んな商品がありますが、持って行った商品はこれだけです。変にぶれたらややこしいと思って」

川辺「国内のほうは使わないのですか？」

藤田「国内、今のところは考えてないですね。今のところは。結構手間かかるじゃないですか、売れた後も。だからまだ今すぐやろうという感じではないですね」

川辺「今、こちらは改装中なんですね」

藤田「はい、ここをショールームにして、外から見えるように、モニターもばんばんと付けてフライパンをつくっている手元が見えるように」

価格を守るために

川辺「へー、カッコいいですね。このお仕事を継がれる前は、何をされていたのですか？」

藤田「大学を出てずっとここです。入った当初は悲惨ですよ。デフレの真っただ中で。ハンバーガー1個50何円とか」

藤田「イズミヤさんとかコーナンさんとかに棚に入れてもらうために商談に行くと、棚割りってここにこれを置いてって言われるのですけど、どこ産とか関係なく値段しか言われないときやったので、入った当初『なんて地獄なとこに来たんや。これはまずいな』と。５年くらい続いたのかな。20代後半くらいの時に、ちょっとやり方によっては面白いかなと思った頃ですね。その後リーマンショック。『これは会社潰れるわ』と思ったときにアルミ製のタンブラーがあって、それがヒットしたのです。たまたまそのヒットがなかったらもうないってことです」

川辺「ヒット商品が大事なんですね」

藤田「そう、たまたま。５、６万円で売ったんですかね、あれがなかったら……。それがあった頃うちはフライパンはやってなかったんです。天ぷら鍋。フライパンは初めてまだ10年です」

川辺「そうなんですか」

藤田「お客さんのほうから『つくってくれへんか』と依頼があって始めました。初年度は４０００個くらいでした。年々倍増していって、多分今年３月末で締めたら15万個くらいいってると思います。来年はもうちょっといくのとちゃうかと。ほんと今年は12万個目標にしてたんですよ。こんなことになるとは思ってなかったですね、正直なところ。うちらがもともと売っていたものは値崩れしまくってたんです。Amazonとかで。ただ売るのは売るんです、Amazonなんてめちゃくちゃ売っていただけて。

価格の引上げが始まって、『これはあかんぞ』とMakuakeさんでやったカスタマーのフライパンやろうと。それならうちしかやってないし価格守れるやろうと。あともう１個足りない

【図表 29　藤田氏】

のが、デザインやったんです。で『フライパン10』というのを出したのです。『これは絶対に価格を守ろう』と言って。だからも『Amazon とかモール系は絶対やめよう』と言って。そうせんとやってしまうと死ぬのも早いと。管理できなくなるじゃないですか。いちいち全部電話していられないし。だから価格をきっちり守って売れる商品をつくっていこうと。

これからやっていくのは、安物の商品を切らなあかんと思います。そしていかにブランド価値をあげていくかというのをやり始めなあかんなという段階です」

川辺「そのとおりですよね」

藤田「数売るのがしんどいです。安いのは、大きい企業さんがやればいいんですよ。うちらみたいなのは高単価で機能とデザイン備えた何かというのを」

川辺「ありがとうございました」

第5章

「クラウドチーム」がクラウドファンディング（CF）の課題を解決する【発展編】

1　今のクラウドファンディング（CF）の課題とは

CFプロジェクトの乱立で、多くの人に見てもらえない

現在のCFの課題は多くのCFプロジェクトが乱立し、埋もれてしまって多くの人に見てもらえず、よいプロジェクトでも目標金額に達していないものをよく見かけるようになりました。年々、CFプロジェクト数が全体的に増えていますので、失敗するCFの数も増えているように思います。

CFの勉強会で私はいつも「まずは仲間、チームを集めましょう」と話します。すると「そのような仲間、チームはいません。どのようにして集めればよいですか?」と聞かれます。

このように悩まれる方は多いです。CFに挑戦される方の約半分はこの仲間、チームの集め方で悩まれているように思います。この課題を解決するのがCFアンバサダーと「クラウドチーム」というマッチングサイトです。

2　CFアンバサダーとは

大阪の街を活性化したい思いから生まれた制度

「アンバサダー制度」とは地域と人と繋がり、生きがいのある仕事をするための仕組みです。こ

れは私がFAAVO大阪の運営者になる前、ＣＦに出会う前から持っていた「大阪の街を活性化したい！」という想いから生まれました。祖父が創業したアパレルの会社を引き継ぎ、多額の借金を背負った自分自身の経験から、中小企業の役に立ちたい、苦しいときに支えになってくれた大阪谷町を活気づけたいと思っていたのです。そこで２００９年には「Twitterで大阪を元気にする会」というものをつくりました。フォロワーを増やして発信力を高め、大阪を活気づけようという試みです。

次にFacebook、ブログも同じコンセプトです。そのなかでFAAVOを知り、「ＣＦ×地域」というコンセプトに共感して仲間を集め、FAAVO大阪の運営に乗り出しました。

この大阪から始まった想いは、今は全国各地に向いています。弊社（株）パーシヴァルでは、２０１４年から６年間で３００件ものＣＦの案件に寄り添ってきました。多くのプロジェクトをお手伝いをしていく中で、「もっと身近に相談できる人がいれば、ＣＦにチャレンジする人が増えるのではないだろうか」「起案者の地元に気軽に相談できる人がいれば、プロジェクトの準備段階で行き詰まったときも、乗り越えられるのではないだろうか」「地域の人同士で支え合うことで、地域から多くの案件が生まれ、その地域の活性化に繋がるに違いない」と思い、「アンバサダー制度」というものをつくりました。

アンバサダーはＣＦの起案者の相談に乗ったり、地域の案件を見つけ出しＣＦ実行に導く役目を担います。もちろん、「このようなことがしたい人がいる」と（株）パーシヴァルにご紹介いただくだけでも構いません。アンバサダーになることで得られる達成感、充実感は計り知れません。CFはインターネットを介した最新テクノロジーを利用したシステムではありますが、アンバサダーになることで人や地域と繋がり、新しいあなたの居場所、生きがいが生まれます。CFは1人で成功させることは難しいです。だからこそあなたがまず、起案者の応援団、1人目の仲間になってみませんか？

CFについて詳しい専門的な知識は必要ありません。私たちが開催している説明会に参加することで「アンバサダー」と認定され、活動できます。2020年5月現在、アンバサダーは関西だけでなく、北海道や愛知など全国各地に全部で約100名います。CFであなたの地域を活性化しようという仲間になってくれたら嬉しいです。アンバサダーの説明会はCFの始め方セミナーと一緒に大阪で毎週開催しています。是非一度お越しください。

3　クラウドファンディング（CF）に興味のある人が「クラウドチーム」に集まる仕組み

CF成功のポイント

クラウドチームはCFを成功に導くために特定非営利活動法人クラウドファンディングプロデューサー協会（大阪市：山之内理事長）が運営しています。

ＣＦに挑戦する人とCFを手伝いたい人・関わりたい人・仕事にしたい人のマッチングサイトです。

前の章でも書きましたが、CFを成功させるためには「多くの人に見てもらう」必要があります。よいコンテンツをつくって、よい文章でよいＣＦを立ち上げても多くの人に見てもらわないと意味がありません。

「多くの人に見てもらう」ためにすることは、次の点が大切です。

①多くの仲間と実行チームを組むこと。

②多くの人に拡散シェアをＳＮＳなどでしてもらうこと。

③プレスリリースをして多くのメディアに取り上げてもらうこと。

④有料広告を使って多くの人に見てもらうこと。

４番目の有料広告で資金を使うことはなるべくしないようにすると、１番から３番の無料でできることを効果的に実行することが成功への秘訣になります。

まず1番目の「多くの仲間と実行チームを組むことができません」と相談を受けることが多いです。「チームがいません」「チームのつくり方がわかりません」と言われます。

そのようなときにクラウドチームにCFを手伝ってくれる人のコミュニティーがあれば、チームがつくることができます。

ＣＦに挑戦する方はクラウドチームで『手伝います』と登録している人」や「ＣＦアンバサダー」を探し、コンタクトを取ることができます。

クラウドチームは常にＣＦに興味を持っている人やＣＦを仕事にしたい人が登録しています。登録者はクラウドチームで表示されています。登録者にはクラウドチームから最新のＣＦ情報を知ることができます。これから始まるＣＦ情報も知ることでき、挑戦者とマッチングすると報酬が得られるかもしれないチャンスがあります。

２番目の「多くの人に拡散シェアをしてもらう」ためには本番のＣＦが始まる前の２～３か月から告知をしていくことが大切です。

ＣＦの根本的な問題は最長80日間しか支援を受けつけることができないことです。そのため、このＣＦ本番の始まる前とＣＦが終了した後のフォローが大切なのです。

ＣＦ本番の前と後をサポート

クラウドチームではＣＦ本番の２～３か月前から、ＣＦ挑戦者にサービスを提供しています。まず、ＬＰをクラウドチームで立ち上げることができます。ＣＦ本番のページは当たり前ですが、その本番が始まるまで公開ができません。しかしＬＰはすぐにつくれて、公開できます。そのＬＰにはＣＦ挑戦者の想い「どうしてＣＦをやろうと思ったのか」、挑戦者のこだわりや経歴、リターン情報なども先出しします。ＬＰを見ている側はだんだんとＣＦができあがってくる様子が見えて興味が湧きます。自分事のように愛着が湧いてきます。

そして、ＬＰで「協力者」「仲間」「チーム」を募集するのです。クラウドチームはそのＬＰの拡散を手伝います。そうすることで、ＣＦ本番の２～３か月前から、ＳＮＳで多くの人の目に触れるのです。ＬＰではＣＦ準備の活動報告を更新していき、だんだんＣＦ本番が近づいてくると「あと２週間後にＣＦが始まります」「あと１週間後」「あと５日後」「あと３日後」「明日！　ＣＦ開始」などカウントダウン告知をして、ＬＰをＳＮＳで拡散していきます。そうすることで、多くの人に刷り込みをし、自分事のプロジェクトとして気になるＣＦにしていくのです。この流れを本番のＣＦへ流し込み、スタートダッシュを成功させるのです。

ＣＦが終了した後よく聞かれるのが「支援したかったのに終了していた」という支援者の声です。このような状況を避けるためにＣＦ期間が終わっても、ＣＦページにリンク先を作成し、再度ＬＰへリンクを飛ばし、ＬＰでショッピングカートなどを付けて、支援の受け皿をつくるなどすることが大切です。またはＢＡＳＥやペライチというサービスを使って、通販ページを作成してもよいと思います。そのサポートやアドバイスをするのがクラウドチームなのです。

クラウドチームはＣＦの本番の前と後をサポートし、ＣＦ挑戦者を成功へ導きます。クラウドチームにはＣＦが始まる前の情報が集まりますので、ＣＦの前情報、最新情報をゲットすることができます。ですから新しいＣＦが始まる前に「協力者」「チーム」を募集していたら、その気になるＣＦに関わることができます。更に協力者として、報酬や先にリターンをいただけるかもしれません。そのためにクラウドチームのメルマガを登録しておくことをおすすめします。

このようにクラウドチームは「ＣＦ挑戦者」と「ＣＦに関わりたい人」「ＣＦを仕事にしたい人」

双方にメリットがあります。両者の利益が一致する仕組みがあります。よいＣＦで世の中をよくすることで、クラウドチームは三方よしを実現できます。

4　毎月１万円でよいＣＦへ支援代行するサービス開始

クラファン支援おまかせ代行サービス

日本全国で多くのＣＦの取材をしていますが、その中でこんな話がありました。
「毎月1万円、必ずＣＦへ支援をしてくれる70歳くらいのおばあちゃんがいるんです。そのおばあちゃんは、リターンが送られてくるのを楽しみにしていて、リターン品と一緒に送られてくるお礼状をご自宅の壁に貼っているんですよ。でも、どのＣＦプロジェクトに支援をしたらよいかがわからず、私に聞いてくるんです」

私は「おおお～凄い！　ステキな話だなあ」と感動をしました。高齢の方はインターネットやＣＦに対して、やはり難しいと感じられています。しかし、支援や寄付など社会貢献をしたいと思われている方は多いです。更にふるさと納税のように何かが送られてくるのを楽しみにする人も多いですね。とはいえ、どのＣＦへ支援したらよいかを探したり、比較したりするのが難しいので、誰かに「どのＣＦへ支援をしたらよいか教えてほしい」と思われている方は意外と多いのかなと思いました。

そこで「クラファン支援おまかせ代行」というサービスを開始することになりました。このサービスを受けたい顧客を開拓し、顧客から毎月１万２０００円を徴収、顧客が要望するジャンルで弊社が代わりに選定したＣＦへ１万円を登録します。リターンは顧客のご自宅へ送付して貰えるように設定をします。

これが「クラファン支援おまかせ代行」サービスです。このサービスでＣＦを活用し、社会貢献をしたり、ＣＦを楽しんでもらったり、ＣＦで多くの人に繋がったり、助け合う世の中をつくることに貢献できます。

ＣＦで人生を変えた人⑤「革小物メーカーの山之内さん」

山之内さんは革小物製造に従事。特定非営利活動法人クラウドファンディングプロデューサー協会の理事長でもあります。

今までMakuakeとCAMPFIREとFAAVO等で40回以上ＣＦを実施し、ＣＦのプロデュースやセミナーの講師もされています。

ＣＦを始めたきっかけ

川辺　「ご自身では全部でＣＦを何回されたんでしたっけ？」

山之内「15くらいです」

川辺　「プロデュースは?」

山之内「今で20個くらいです。会社として、別の担当者がしたのが15ほど。だから50はいってます」

川辺　「全部 Makuake で?」

山之内「いや、CAMPFIRE も。プロジェクトの数的には、Makuake と CAMPFIRE どっこいどっこい」

川辺　「Makuake と CAMPFIRE の違いはどういう点ですか?」

山之内「CAMPFIRE と Makuake って顧客の質が違うんですよね。感覚的には Makuake の顧客のほうが、ちょっと年齢層が高くてお金を持ってる男性が多いのかなと思っています」

川辺　「Makuake の方は、登録者数は男性と女性で6対4っておっしゃってたけど、もう少し多そうですよね?」

山之内「そうですね、でもCFは、今のところ男性が主体ですね。それはもう特性。女性ってやっぱり基本的に触れて、納得ができて、誰かが使ってるっていうほうが安心するんですよ。新しいものを最初に使いたいっていう考えはあんまりないです。だから女性はバーゲンなんですよ。安くいいものを手に入れる!」

川辺　「前からほしかったってやつね」

山之内「そう、みんな持ってる、私最後の1つ買ったとか。そこなんですよね。ただ僕はCF実行者のほうに女性がたくさん増えると、ものすごいマーケットになると思うんです」

川辺　「これから女性が入ってくると？」

山之内「女性がＣＦの使い方がわかってくれれば、すごく盛り上がるでしょうね」

川辺　「山之内さんがＣＦを始められたきっかけを教えてください」

山之内「うち、カタログ通販だったんですよ。BtoBだったんですけど、２０１４年、２０１５年くらいから急激にカタログ通販の売上が落ちてきてまずいなと思って、BtoC考えないと思って、まず『ふるさと納税』して、うまくいったんですよ。BtoCとちょと違うかもしれないけど。でも『ふるさと納税』、見直しかかったでしょ？　あれでまた売上落ちて。

その頃ちょうど産創館（大阪産業創造館という創業支援施設）からＣＦのセミナーについてのメールが来たんですよ。『脱下請け！』って書いてて。うちはメーカーでありながＯＥＭもしてたから、下請けのキツさもわかってたので、セミナーに行ったんです。

２０１１年にミュージックセキュリティーズにＣＦについての話を聞きに行ったことがあったので、ＣＦか…どうやろうなって思いながら産創館のセミナーに行ったら、『購入型っていうのがあってね』って最初に言われた瞬間に、『あれ、これ前のと違う』ってズバッとはまりました。その日のうちにセミナー講師にアポイント取りました」

川辺　「いつ頃のお話ですか？」

山之内「２０１６年10月です。そこからスタートですね、脱下請けでなんとかしないと、と」

最初のプロジェクト

川辺「ＣＦを実行して難しかったこと、苦労した点は？」

山之内「ＣＦを初めてやって一番苦労したのは、BtoB から BtoC に方向転換したので、どうやってお客さんと接したらいいんだろうって。『応援メッセージ』あるじゃないですか。フランクにいくのか？　丁寧にするのか？　個別の質問にどんな返し方したらいいのか？　とか最終的には、僕の持ってるフィーリングでよかったんですけど。これまでは BtoB だから月に何箱か取引先にダンボールでまとめて送ればよかったのを、お客様に個別に何百個もの出荷をどう対応するのかなども不安でした」

川辺「他にもありますか？」

山之内「リターンも悩みましたね。どうしたらいいのって。わからなかった。価格。何％引きとか。適正な値づけですね」

川辺「安すぎてもだめだしね。BtoB から BtoC にいくときって価格難しいですね。私も卸売出身やったから。これ高いんかな、安いんかなって。どうしても安く売っちゃうんですよね、卸売出身者は」

山之内「そうそう。でも高かったら売れないじゃないですか。そこの加減を探るのが難しかったですね」

川辺「やっぱり価格安かったですよね？　最初のプロジェクトは、どれですか？」

【図表 30　極薄革製のカードホルダー】

財布の中をスッキリ収納！ "極薄"革製のカードホルダー「PLUCA 12」

山之内「お財布の中に入れる、革製のカードホルダーです（図表30）。もともと商品がそんな高くないんですけど、１９００円プラス配送料で２３００円くらいで出してました。で、これはたまたまその値段でヒットしたからよかったんですけど、今思うと適正価格は商品＋送料＋消費税で３０００円くらいかな、配送を考えるときつい価格でした」

川辺「私も幸村スーツ５万円でやりましたからね、あれも安かったので、次から値上げしていきました。やってみたらわかるじゃないですか」

山之内「でもそれが許されるのがＣＦなんですよ」

川辺「初めこれ、ＣＦでこんなに集まると思いましたか？（約２７９万円）」

山之内「全然思ってなかったですよ。Makuake のキュレーターもなぜヒットしたのかわからないって。あの頃まだＣＦで革小物多くなかったんですよ。お財布は出てたんですけど、機能的なものはまだあんまりなくて。うちが出したらその後バンバンで出てきましたけど。『あんなんで売れるんやったら』ってみんなやるんですね。後もう1つ、ＣＦをやる上でわからなかったのは、目標金額の設定です」

川辺「このカードホルダーのプロジェクトの目標金額は？」

山之内「10万円です。10万円くらい売れてほしいなと。１個２５００円としたら30個、40個売れたらいいかなと」

川辺「売れたらいいなっていう」

山之内「そうそう、まるっきりわかんなくて。でもMakuakeのサイト見てたら1日目で20万円以上支援が入ってね（笑）」

川辺「いや、でもアイデアいいですよね。アイデアは昔からあった？」

山之内「最初にキュレーターには別のアイデアを持って行ったんですよ。１００種類の柄のお財布をつくる計画をしていたので、それを『ＣＦでできませんか？』って言ったら、『１００種類っていうのは難しいかもしれないですね』って。じゃあ、何か違うの考えますわって」

川辺「へぇ、そうなんですね」

山之内「会社帰って、うちのスタッフが持ってた長財布が不格好に盛り上がってて、中を見せてもらったらショップカードやクレジットカードが大量に入っていて」

川辺「整理したいと？」

山之内「はい。昔からカードを横向きに入れるやつはあったんですよ。でもね、そうすると、カードが重なって、真ん中が分厚く1㎝以上になるんです。それでは意味ないから売れてなかったんですよ。それで、縦入で厚みが均等になるように。商品はペラペラだけど、カードを入れたときに、ちょうどいい使い勝手になるっていうコンセプトでつくったんです」

アイデアがあれば、ＣＦができる

川辺 「今ある財布に使える。アイデアですよね。アイデアがあったら、ＣＦができると？」

山之内「そうそう、セミナーでも言ってます。ＣＦってイノベーションの1つじゃないですか？何が大事かって言うと、情報収集は今みんなできる環境にあるんですよね、情報収集は大前提でやらないとだめなんですが、集めた情報を結合する『情報結合力』がないと、イノベーションっていうのは生まれにくいんです」

川辺 「そうですね、想像ができないと」

山之内「ゼロのものを考え出すってなかなかできないじゃないですか？ でも一見関係なさそうなものをたくさん引っ張ってきて、それで何か面白いものをつくるっていうのがイノベーション」

川辺 「ちょっとしたアイデアなんですよね」

山之内「ほんとにそうなんですよね、でもそこがなかなかできないんですよ。考え方の問題だから。発想力があるかないか。発想がない人に発想力を持てって言ってもできないんですよ」

川辺「どうしたらいいの？」

山之内「僕が思うに、育った環境とか全てを含めてその人の考え方なんで。できないんですよ、ほんとに。そういう思考回路になってないんですよ。でも新しいことをしたい人はいっぱいいる。だからそこをお手伝いするんですよ。そこを聞いて。どんな商材あるんですか、どんなことされてきたんですか、どんなことをしたいんですか、どんな仕事したいかもわからない、それならこれとこれとこれがあるんだったら、こういうふうにしたらどうですか、というのが、私がやってることなんです」

川辺「気づかせてあげるんですね？」

山之内「そうです、それが僕や川辺さんがしている仕事ですよね。これが全国展開になればいいですね、アンバサダーを増やして」

小さなチャレンジを繰り返そう

川辺「CFで失敗談はありますか？」

山之内「ありますよ、132色展開の可愛い財布。うちのメイン商品になると思っていたのに資金調達は、31万円。100万円は絶対にいくと思っていたのにショックでしたね」

川辺「原因はわかりますか？」

山之内「1つは商品としてコンセプトが若干ぼやけてた。自分がこうつくりたいっていうところに拘りすぎてた。そこが大きいかな。色を増やしすぎたのもそうだし。
目標金額は30万円。50人くらい支援あって、プロジェクトとしては成功ですよね、でも僕の中で納得はいってない。でも失敗ではないです。なぜなら『こんなことしたらあかん』ってことがわかったから。ＣＦは、資金調達だけじゃないっていうのは、そこ。ＣＦでは、プロモーションとテストマーケティングっていうのが大きい」

川辺　「そのとおりです」

山之内「僕のセミナーでいつも最後に言うのは、小さなチャレンジを繰り返しましょうということです。『何回もしつこくやって！』と。自分でできるようになるし、アンバサダーのように人をサポートすることもできるようになる。僕はＣＦって純然たる資金調達とは思ってないんですよ。だってそもそも支援してください、なわけですよ。支援する人は、不完全なものまたは新しいものにお金を出してくれてるんです。実行者の熱い想いとかにね」

川辺　「半分くらいは」

山之内「そう、それなのに、ページづくりに１００万円も２００万円もかけるのはちょっとね」

川辺　「手づくりでいい、不完全なページでいいってこと？」

山之内「そう。これ、実際僕がやったプロジェクトですけど（スマホで見せながら）これ、３つとも同じ商品なんですよ。何かというと、バージョン1、2、３って少しずつ商品を開発しているんですよ。これはね、プロの方がつくったページなんですよ。そしてこっちは、僕がアイフォンでつくった山之内バージョンなんですが、両方200万円近くいってるんです。動画も僕バージョンのは、こんなにカンタンです。出演者、僕。これだけです。要は使い方だけ。ページがきれいだから大ヒットするわけじゃないっていうのをみんなに早く気づいてほしい」

川辺「プロデュースをするようになったきっかけは？」

山之内「僕がCFをしているのを知っていた地元の商工会議所から『ある企業がやりたいって言ってるんだけど、やり方がわからないから教えてくれないか』と」

セラミック入浴剤が成功した理由

川辺「これ（図表31）、130万円も集まって成功した理由はなんでしょうか？」

山之内「セラミックス入浴剤っていうのが、ありそうでなかったということですね」

川辺「アイデアですね。セラミック入れたらいいんですか？」

山之内「めちゃくちゃいいんですよ。というのが、まず塩素を除去してくれるんですよ。お風呂って水道水を温めるからお湯ってピリピリするじゃないですか、それがないんですよ。それと抗菌作用があるんです。

お風呂の温度って雑菌が繁殖しやすい温度なんですけど、それを繁殖しないようにしてくれるんです。時々年配の人たちが介護施設で集団で亡くなるというのは、お尻から菌が入っ

【図表 31　セラミックス入浴剤】

自宅で毎日温泉気分！湯上りポカポカ♪ セラミックス入浴剤「ほっとボール」新登場！

て亡くなるんですよ。そういうことが家庭でもなくなるという。後、臭いがとれる。『お父さんが入った後は嫌』っていうのがなくなる（笑）。それと蓄熱。温泉みたいに湯上りずっとポカポカしてますよ」

川辺　「これは、どう繋がったんですか？　紹介ですか？」

山之内「商工会議所でセミナーをしてて、そこに『サテライト・オフィス平尾修開発所』の所長さん、平尾さんが参加してて繋がったんです。なんかやりたいと。要は、『こういうものがあるけど、何かできないか』と。

　この会社は元々これを使った化粧水の基材、イオン水とか養毛剤とかをつくってるんですけど、やっぱりちょっと難しいんですよ、Makuakeでは。表現とか。健康商品だから『毛がはえる～？』とかはね……」

川辺　「それまで入浴剤のアイデアはなかったんですか？」

山之内「なかったんですよ。セラミックスをお風呂に入れるという概念はあったんですよ、昔から。だけど、こういうふうに機能性セラミックスっていうのを家庭で使ってお風呂を楽しめるっていうコンセプトはなかったんです」

川辺「もうちょっとカジュアルな感じで、ただ楽しいやん、いいやん、ノリが軽い感じがＣＦに合いますよね。料金は？」

山之内「８０００円くらい」

川辺「まああしますね」

山之内「そうですね。でも使用期間1年間ですよ。市販の入浴剤は、家族が何人もいてお湯を入れ替えたりしたら足さなきゃいけないでしょ、これは足す必要がないんでコスパがいいんです。

実はもうじき第2弾やります。中身をちょっと変えて。前は抗菌に鉱物性の抗菌セラミックスを使ってたんですが、water poton（図表32）で使ったものが、日本製の竹炭に銀を打ち込んでいる特殊なやつで、それが物凄く抗菌性が強いんですよ。飲料水にも通用する。それをこの商品にも使うので、もっと抗菌性が強くなるんですよ」

川辺「第2弾か、素晴らしいですね」

これからＣＦにチャレンジする人に向けて

川辺「ＣＦにチャレンジしたい人に一言お願いします」

山之内「まずはプラットフォームの様々な、そして関係ありそうなプロジェクトをたくさん見ることが大事」

【図表32　water Poton】

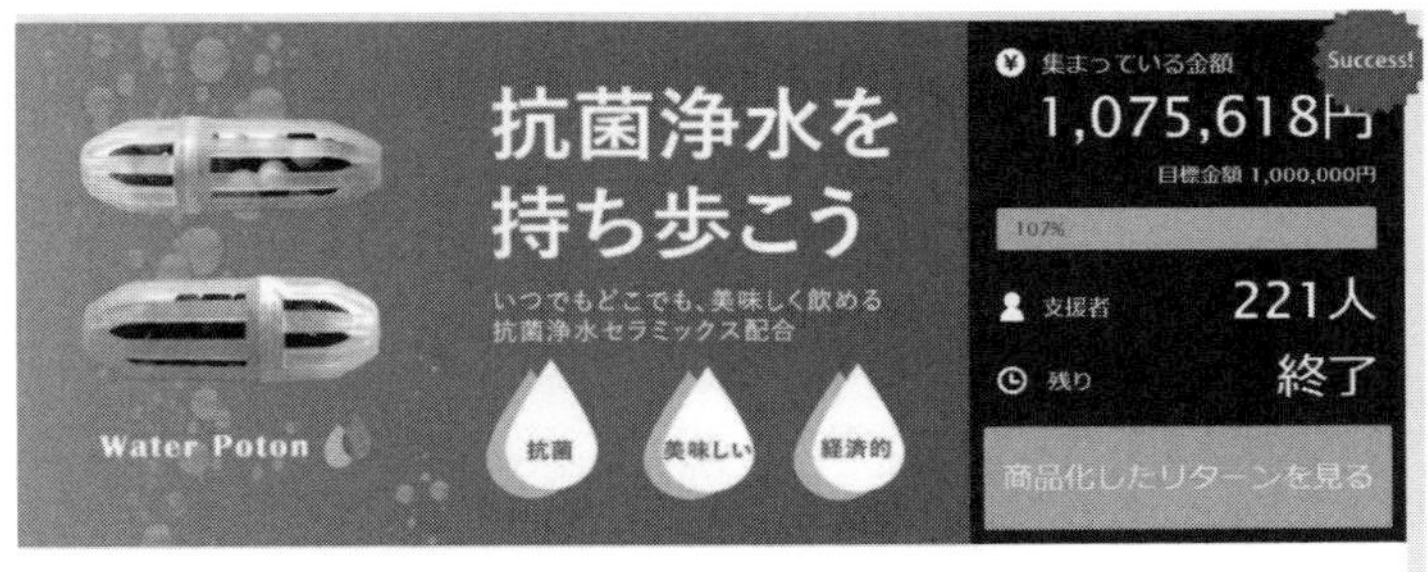

川辺　「十分調べてと」

山之内「そう、そこにヒントがある。みんな意外とリサーチをしてないんですよ」

川辺　「見るの面倒くさいもんね」

山之内「そう、でも、そこにヒントがある。『あ、こんなんでいけるんなら、うちの商品のもいける』とか。あとはやっぱり川辺さんが僕に声をかけてくれたように、ＣＦはほんとに零細企業でもできますよと」

川辺　「そうですよね。何かしたいけど、何がしたいかわからないという人に、山之内さんみたいな専門家がいてくれたらできるんですよね、それを日本中につくりたいんです。各地にいて、『この地域やったら、この人に聞けばアイデアくれるよ』と」

山之内「企業って99・７％が中小企業で、それの90％が零細企業、そうすると、そこが何かやりたいときにできる仕組みでないとＣＦは広がらないと思うんですよ。だから僕がセミナーをするときに共感を得れる

【図表 33　山之内氏】

のはそこだと思うんです」

川辺　「やってみようと」

山之内「ただ適当にやってお金がもらえると思っているならやらないほうがいい。本気でやりたいんならやったほうがいい。でも何かのリスクは負わないとできない。

それはお金なのか、時間なのか、人なのかわからないけど、おプロジェクトページをつくれる人を探したり、コミュニティーをつくったり、時間かけないと。本気ならＣＦは失敗しない。支援金が目標に達しなくても得ることがあるから」

川辺　「ありがとうございました」

山之内「こちらこそ、ありがとうございました」

第6章

実際にCAMPFIREでクラウドファンディング（CF）ページをつくってみよう

1　クラウドファンディングページのつくり方

①サイトを開く

まずCAMPFIREのWebサイトを開きます。(https://camp-fire.jp/)

②「プロジェクトをはじめる」をクリック

ページの一番上の真ん中にある「プロジェクトをはじめる」をクリックします。

③「プロジェクトをつくる」をクリック

真ん中の赤ボタン「プロジェクトをつくる」をクリックします（図表34）。

④新機会員登録をする

まずは新規会員登録をします。

一番下の赤文字「新規会員登録はこちら」をクリックします（図表35）。

【図表34　③「プロジェクトをつくる」】

【図表35　「新規会員登録はこちら」をクリック】

⑤メールアドレスを記入する

一番上のスペースにあなたのメールアドレスを記入します（メールアドレスは、ＣＦ用に1つつくっておくと、他のメールと混ざらず後々便利です）。その下の「確認メールを送信」をクリックします（図表36）。

クリックすると、図表37のページが出ます。Gmail か Yahoo! メールなら、このページの該当する箇所をクリック。それ以外なら、別ウィンドウでメールを開きます。

CAMPFIRE からすぐに「本人確認のお知らせ」というメールが届きます。メール本文の「メールアドレスを認証する」をクリックします。

⑥アカウント情報の登録

「アカウント情報の登録」という図表38のページが表示されます。英数字3～32文字のユーザー名と英数字6文字以上のパスワードを設定し、該当する箇所に記入します。

ユーザー名は、プロジェクトオーナー名としてプロジェクトページで公開されるので、よく考えて登録しましょう（最後のプレビューページで変更可能です）。

「利用規約とプライバシーポリシーに同意する」にチェックを入れ、登録をクリックします。

「新規登録が完了しました」というページが表示されます。

【図表36　⑤メールアドレスを記入する】

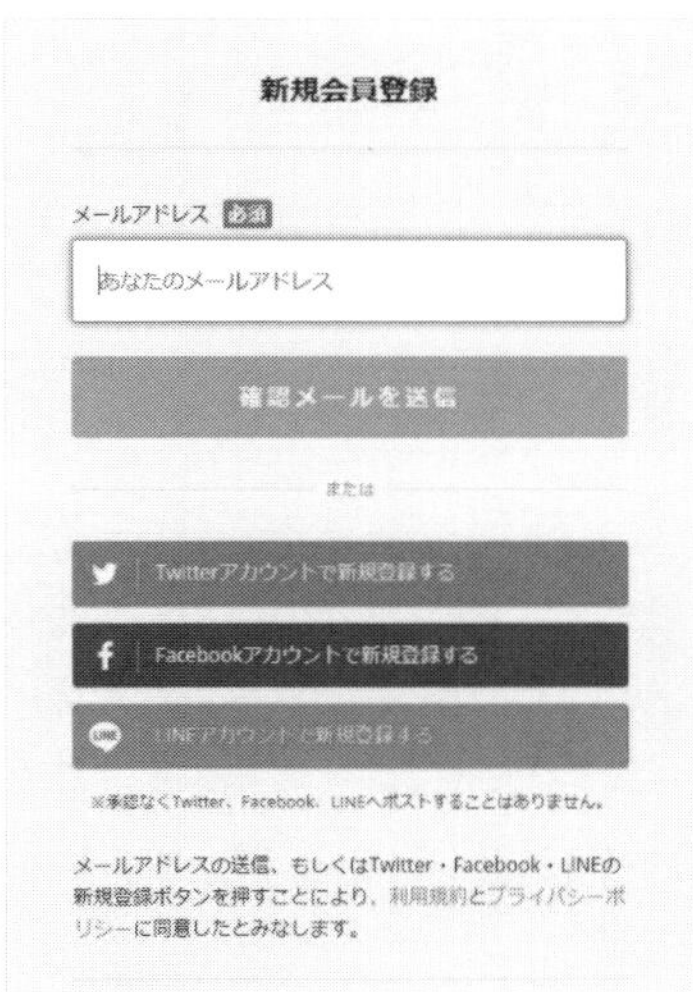

【図表37　メールの確認画面】

【図表 38　⑥アカウント情報の登録】

プロジェクトをはじめる　プロジェクトをさがす

アカウント情報の登録

ユーザー名 必須

英数字3-32文字

パスワード 必須

英数字6文字以上

パスワード（確認） 必須

上と同じパスワードを入力してください

利用規約とプライバシーポリシーに同意する

登録

⑦プロジェクトの「目標設定」の記入

「プロジェクトの概要」の「目標設定」のページです（図表39）。上から「目標金額」「募集終了日」「募集方式」を記入します。

まず「目標金額」についてです。第2章の「4　目標金額の設定の仕方」で詳しく述べましたが、目標金額は低めに設定します。

次に「募集終了日」についてです。プロジェクトの公開期間はCAMPFIREの場合、２～80日ですが、一定期間以上公開していても支援金は増えません。1か月～2か月くらいが適当な期間です。

最後の「募集方式」というのは、「All-In」か「All-Or-Nothing」かということです。「All-In」は、目標金額を達成しなくても支援金を受け取り、プロジェクトを実施しリターンを送付する方式です。

一方「All-Or-Nothing」は、目標金額が集まらなかった場合は資金を受け取らないという方法です。

⑧プロジェクトの「タイトル」「概要」の記入

ここまで書けたら、次に「目標設定」の隣にある「概要」をクリック。下の「プロジェクト編集」のページです（図表40）。

40字以内のタイトルと１５０字以内の概要を書き、カテゴリを選びます。タイトルは、あなたのプロジェクトをわかりやすく述べ、見た人を惹きつけるオリジナルなものを作成してください。概要では、プロジェクトについて簡潔に述べます。

【図表39　⑦プロジェクト編集「目標設定」の記入】

目標設定　概要　ビジュアル　本文　リターン　本人確認

目標金額 必須

（例）100000　円

目標金額は10,000円以上の金額で入力してください。

募集終了日 必須

（例）2019-03-01

期間が65日間以下のプロジェクトでは、成功率がより高くなっています。

公開可能期間は2日〜80日となります。
※2019-03-01 を選択した場合、2019-03-01 23:59 に終了します。

募集方式 必須

All-In 方式　All-or-Nothing 方式

All-In 方式
目標金額を達成しなくても資金を受け取れる方式。（プロジェクトの実施、およびリターンの履行を確約できる方のみご利用可能です）

All-or-Nothing 方式
目標金額を達成すると資金を受け取れる方式。

【図表40　⑧プロジェクト編集「タイトル」「概要」】

目標設定　概要　ビジュアル　本文　リターン　本人確認

あなたのプロジェクトをわかりやすく伝えましょう

タイトル 必須

あなただけのオリジナルタイトルを設定してください　40

プロジェクトオーナー名は変更できます。

概要文

3行程度で概要をまとめましょう　150

カテゴリ 必須

選択してください

カテゴリの決定に関しましては、弊社の基準が適用されることがあります。
「ソーシャルグッド」を選択した場合はGoodMorningでの掲載になります。

⑨「ビジュアル」の記入

続いて「概要」の隣にある「ビジュアル」をクリック（図表41）。

あらかじめ準備しておいた写真を登録します。CAMPFIREの場合、画像は3：2の比率、横1200pxl×縦800pxl程度で10メガバイトまでのもの。メイン画像とサブ画像で計5枚登録できます。動画もここで登録できます。

⑩「本文」の記入

次に「ビジュアル」の横にある「本文」をクリック（図表42）。「はじめに・ご挨拶」から順に、あなたの想いを綴ってください。読み手の信頼と共感が得られる文章を書くことが成功の秘訣です。

（1）はじめに・ご挨拶
信頼性を高めるため、ご本人もしくは実行チームの簡単な自己紹介を書きましょう。

（2）このプロジェクトで実現したいこと
企画内容と目的を具体的かつ論理的に書きましょう。

（3）プロジェクトをやろうと思った理由
プロジェクト立ち上げの背景や経緯を具体的に書きましょう。

（4）これまでの活動
プロジェクトにつながる過去の活動や体験を書きましょう。

【図表 41　⑨プロジェクト編集「ビジュアル」】

目標設定　概要　ビジュアル　本文　リターン　本人確認

とびっきりキャッチーな写真をみせつけよう

メイン画像 必須

【図表 42　⑩プロジェクト編集「本文」】

目標設定　概要　ビジュアル　本文　リターン　本人確認

あなたの想いを語り尽くしましょう

本文 必須

はじめに・ご挨拶

信頼性を高めるため、ご本人もしくは実行チームの簡単な自己紹介を書きましょう。

このプロジェクトで実現したいこと

企画内容と目的を具体的かつ論理的に書きましょう。

（5）資金の使い道
集めた支援金用途や内訳を書きましょう。
（6）リターンについて
リターンに関する説明や画像を載せましょう。
（7）実施スケジュール
プロジェクト実施の計画を時系列で書きましょう。
（8）最後に
応援したくなるような熱いメッセージを書きましょう。

次に「リターン」ボタンをクリックし、あなたが支援者に送付するリターンを記入します。

⑪「本人確認情報」「プロフィール」の記入

最後に「本人確認」ボタンを押し、あなたに関する正しい情報を埋めていきます（図表43）。

記入する項目は、氏名、住所、電話番号、生年月日という一般的なものです。

すべて記入できたら「保存」、「プレビュー」ボタンを押して内容を確認します。間違いなどを訂正したら、右上にある「申請する」をクリックして申請完了です。後は承認の連絡を待ちましょう。

もう1つ丁寧に書いておきたいのは「プロフィール」（図表44）。CAMPFIREの場合、ユーザー登録したときのユーザー名とプロフィールが適用されます。最初にユーザー登録したときは、プロジェクトを

【図表 43　⑪プロジェクト編集「本人確認情報」】

本人確認情報

- プロジェクトの審査のために利用します、必ず正しい情報を入力してください。
- 本人確認情報は非公開です。プロジェクトページ等では表示されません。
- 未成年の方は20歳以上の保護者（もしくは代理人）の同意を得て、その方の情報を下記で入力してください。※審査の際に改めて確認する場合があります。

名前 必須

（例）山田太郎

企業名や団体名ではなく、プロジェクト代表者様の氏名を登録してください。

郵便番号 必須

〒　（例）1500002

都道府県 必須

選択

住所 必須

（例）渋谷区渋谷2丁目22-3 渋谷東口ビル 5F

電話番号 必須

（例）0354687001

【図表 44　⑪プロジェクト編集「プロフィール」】

【図表45　参考事例：クラフトビールBREWPUBの松尾社長】

プロジェクト本文

【ストレッチゴール挑戦！ご支援300万円で1000%達成目指します！】


おかけ様で、7日目にして700%達成しました！本当にありがとうございます！

4月末のプロジェクト終了までまだまだ、みなさま応援何卒宜しくお願いします！


はじめまして！ブリューパブご存知ですか？

ブリューパブスタンダード株式会社の代表、松尾弘寿です！
弊社は大阪市内にブリューパブという業態の飲食店を２店舗運営しています。
ブリューパブとは、クラフトビールの小規模醸造所を店内に併設したビアレストラン。
2016年4月、中央区にブリューパブテタールヴァレを、
2018年3月、北区にブリューパブセンターポイントをオープンしました。

両方の店舗の中に、それぞれビール工場があります。
そこで製造したオリジナルのクラフトビールが、最高の状態で飲めるお店です。

brewpub_standard

大阪府

初めてのプロジェクトです

ブリューパブスタンダード株式会社　代表取締役　松尾弘寿

1983年、大阪府八尾市生まれ。

大阪府立高津高校を卒業後、大阪阿倍野辻調理師専門学校にてフランス料理を専攻し、2003年に卒業。

10代で上京、ケータリング専門の飲食企業に調理師として就職。

その後、同じくケータリング専門のベンチャー飲食企業の創業に参加。

調理業務と並行して、サービス、営業、経理、広報などベンチャー企業の創業期に幅広い業務の経験を積む。

その後、マネジメントやチェーン飲食業の運営に興味を持ち、タリーズコーヒージャパン（株）へ転職。

店長経験を積み、渋谷駅前の旗艦店での実績を上げたことを評価され、直営店舗の統括マネージャーを担当。

関西勤務となり、新店舗のオープニングマネジメントでも実績を上げる。

20代前半から興味のあったクラフトビールをウリとした飲食店での起業を意識し始め、ブリューパブの業態を知る。

タリーズコーヒージャパン（株）の退職を機に、クラフトビールビジネスについて学び、ブリューパブでの起業を目標に行動を開始する。

ブリューパブ起業で必要なビール製造の技術を習得するため、2013年7月、大阪府高槻市にある寿酒造（株）に就職。

日本酒製造を主とする歴史ある酒蔵で、同社の製造する國乃長ビールの製造業務に従事しクラフトビール製造の技術を学

実行することは考えずに登録していたかもしれないので、ユーザー名を見直しましょう。

プロジェクトを実行する際に「プロフィール」をもう一度書き直しましょう。あなたの過去、現在、未来について詳しく述べて信頼を得ましょう。プロフィールの画像も必要です。

参考事例は大阪市内でクラフトビールを店内で製造し提供しているBREWPUBの松尾社長（図表45）。新型コロナウィルスの影響で売上が激減し４月４日土曜日にＣＦの相談を受け、土日の２日間で社長自らＣＦページを作成、月曜日にCAMPFIRE本部に審査申請、翌日審査が通り７日の18時に公開。なんと４日間でＣＦを開始できたのです！

支援者には瓶詰めビールを贈るリターンと「未来の食事券」を贈るリターンを用意し、４月30日までに３０８万円の支援金を集めることができました！

CFで人生を変えた人⑥「クラファン女子の今井さん」

CFに挑戦したきっかけ、嬉しかったこと

川辺「CFに挑戦しようと思ったきっかけは、なんだったのですか?」

今井「沢山のこれまでの事例を見て、新しい可能性を感じ、自分も挑戦してみたいと思ったからです。また、幼い子供が居ても在宅でもできるので、やてみようと」

川辺「CFに挑戦してみていかがでしたか?」

今井「大変だったけど、めちゃめちゃよかったです」

川辺「支援を集めるためにどのような活動を行いましたか?」

今井「Facebookで知人に紹介したり、プレスリリースを打ったりしました」

川辺「今回、CFに挑戦してみて印象に残ったエピソードなどがあれば教えてください」

今井「1件出したところで、自分の世界が変わりました。沢山のお問合せをいただき、短期間で沢山のご支援をいただき、自分の主婦の友人などにも配送のお手伝いをいただき、『素人でもこんなに楽しい世界に飛び込めるのか!』と驚きました」

川辺「一番嬉しかったことは何でしたか?」

今井「元々会社員時代に一緒に働いていたメンバーがチームメンバーとなって、デザインを担当し

てくれたり、色々と意見をくれたりしたことです。会社に出社しているわけではないのに、在宅で、こんなにも熱く1つのプロジェクトをつくり上げていることが嬉しかったです。まるで学生時代の体育祭や文化祭の準備のような『大変だけど充実感！　やった後の達成感！』という感じです。

あとは自分が惚れこんだ商品に対して沢山の応援メッセージをいただけたことです。『こんなに便利なものをもっと世の中に普及させたい！』という想い。それに賛同する内容のメッセージをいただくと、『ああ、自分がやろうとしていたことは間違っていなかったんだ』と嬉しい気持ちになりました」

ＣＦで大変だったこと、これから挑戦する人に向けて

川辺「大変だったことは何でしたか？」

今井「会社勤めだとそれぞれ担当部署があって、お金のことは管理部や経理部の方、広告のことはマーケティング部の方、物流&配送のことは物流部の方、法律関係は法務部の方、とそれぞれの担当部門が担当してくれることが多いと思います。

また、クレームやトラブルがあったときも上司や同僚に相談できる環境がありますが、１人でやっていると当然ですが、大変なことも、専門的なことも、自分が詳しくないことでも、全部自分で対応しなければなりません。

【図表46　今井さんのＣＦプロジェクト】

たとえば私の製品の場合、お客様から非常にテクニカルなご質問をいただき、自分ではわからなかったので、個人で経済産業省に事実確認の問合せを行ったりしました」

川辺「ＣＦに挑戦する前と、挑戦した後、ご自身の中で何か変化はありましたか？」

今井「経営者意識が芽生えました。また目標が更に高くなりました。もっと色々な挑戦をしていきたいです」

川辺「これからＣＦに挑戦する方へ一言お願いします。」

今井「大変は大変ですけど、とっても楽しい世界なので、ぜひ挑戦してほしいです！　クラファンサイトを見ているだけでもワクワクします」

クラファン女子の「今井香織さん」

プロジェクト名：もう絡まない！失くさない！充電ケーブル６種をスッキリ収納「スマートリンクカード」

https://www.makuake.com/project/smartlinkcard/

第7章　全国のクラウドファンディング（CF）仲間アンバサダーの紹介

1　FAAVO つくばオーナー：渡邊ゆりかさん

Ｑ　：FAAVO 地域オーナーをする前にしていたことについて教えてください。

渡邊：学生時代を過ごしたつくばの魅力に取りつかれ、卒業後は東京の企業で働きながらも、つくばで「世界一住みたい街づくり」を提唱する一般社団法人の設立に携わりました。その活動を通して町づくりへの思いが強くなり、仕事の拠点をつくばに移し、ＩＴベンャー勤務を経て独立。現在は地域で立ち上がるプロジェクトを中心にＣＦのご相談を受けています。

Ｑ　：FAAVO の地域オーナーになった経緯は？

渡邊：CAMPFIRE 代表の家入一真さんによる、これから CAMPFIRE をローカライズしていきたいといった内容のＳＮＳでの発信を目にして、「是非つくばでやらせてください！」と手を上げたことが始まりです。

しばらくの間、企業での仕事と地域での活動を並行して行ってきて、私はやはり地域のことが好きで、企業の１つの歯車になるより、自分が提供できたことに対して喜んでくださる方の顔が見える仕事がしたいと思いが日々強くなっていました。とはいえ地域活動の事業化は難しく、そこには大きな壁がありました。

そんなときに出会ったのがＣＦの仕事。開始を決めたのは、まだＣＦという言葉すらご存知ない方のほうが多かった頃でしたが、ＣＦには個々の夢を叶える以上に、地域を元気にしていく力があるのではないかと大きな可能性を感じていました。

Ｑ：FAAVO 地域オーナーになって、やりたいと思ったことは何ですか？

渡邊：つくばは日本の頭脳が集結している町です。そして茨城は美しい自然や美味しい食べ物の宝庫です。つくばで生まれたたくさんの研究やアイデアを、茨城で見つけた魅力の数々を、ＣＦを通じて様々な形で皆さんにお届けしていきたいと思っています。

FAAVO つくばの（ＷＥＢサイトの）ページには、本当に多くの方々の夢が詰め込まれています。地域発のプロジェクトを地域のみんなで応援する。そこで生まれた繋がりがまた新しいプロジェクトを育てていき、地域に夢が溢れていく。FAAVO つくばのページを訪れてくださった皆さんと、そんな時間を共有できれば幸せです。

Ｑ：地域オーナーになって、よかったこと、以前とは変わったこと、気づいたことを教えてください。

渡邊：この仕事をしていなければ交わることはなかったかもしれないたくさんの方々とお会いし、一緒に様々な事業や活動に関わることで、本当に貴重な経験をたくさんさせていただいています。自分で考えて動けば結果は出ますし、提供させていただいた仕事に対して、ご相談をいただいた方々の喜んでくださる様子を近くで感じられますので、企業に勤めていた頃とはまるで違うやりがいを感じています。

また、様々な情報が集まってきますので、地域のハブ的な役割も担えるようになってきました。

Q　：FAAVO 地域オーナーとして活動してみて難しかったこと、今後の課題は？

渡邉：プロジェクトの金額が上がるようになり、そこそこの利益を見込めるプロジェクトが増え始めてからは、他社が入ってきて不当な手段でプロジェクトを受注しようとするようになり、それにより地域のコミュニティーが分断されています。

また正しい情報が得られずにプロジェクトの開始に至った方々の、CF自体に向けた不信感が生じ始めています。これは今後一番解決していきたい目の前の課題です。

Q　：地域オーナーの仕事として関わった印象的なプロジェクトについて。

渡邉：1つひとつのプロジェクトにすべてストーリーがあるのでとても選びにくいのですが、敢えて挙げるとすれば、次の2つです。

①日本最下位の地で始める世界最高の納豆ご飯専門店 納豆スタンド「令和納豆」

https://faavo.jp/tsukuba/project/3712

以前東京で、1万円でビール一生飲み放題のリターンを設定されていたプロジェクトを拝見し、とても面白いので、もし今後担当させていただく中で、上手にはまるプロジェクトがあれば提案したいと思い、自分の引き出しに入れていました。

こちらのプロジェクトのご相談をいただいた際に、そんなに原価が高くない納豆と相性がいいかもしれないと打診してみましたところ、挑戦意欲の高いプロジェクトオーナーさんとの相性もよかったのか採用いただき、それがかなりの話題となって、決して低くなかった目標金額の４１５％という達成率を記録したプロジェクトとなりました。

この経験から得られたことの1つは、日々アンテナを張っておくことの大切さでした。

②Ｗｅｂ飲み会プラットフォーム「Cheers!」で新しい飲み会のカタチを創りたい！

https://camp-fire.jp/projects/view/7862

CAMPFIRExTsukuba のローンチに合わせて学部生、大学院生の2人が立ち上げてくれたプロジェクト。最終日の夜になってもまだ目標金額に届いておらず、初めて担当した学生さんのプロジェクトでもあったので、何としてでもサクセスしてほしいと思っていたところ、残り僅かなタイミングで1人の方から大きな金額の支援が入り、サクセスしました。

私は学生さんが頑張っていたので、大人の誰かがサクセスさせてくださったものと思っていたのですが、違いました。後で知ったのですが、それは一足早く社会人になった、起案者の学部時代の同級生だったのです。

それがどんなに嬉しかったかを話してくれている彼を見ながら、きっと次は自分の後輩が何かを頑張っているときにそれを応援できる人になってくれるのだろうと思うと、私も感動せずにはいられませんでした。

この経験から得られたことの1つは、ＣＦで得られるお金を遥かに超えるものの存在でした。

Ｑ：地域オーナーとして今後やっていきたいことは？

渡邊：ＣＦの枠を超え、プロジェクト立案前のコンサルティングから、終了後のバックアップまで、プロジェクトオーナーさんの夢の実現を、幅広く、また末長く応援していく仕組みを構築中です。地域の拠点にしかできない、対面でのサポートや各種イベントの開催を通した付加価値の提供、挑戦する人たちと応援する人たちがつながるコミュニティーづくりにも力を入れ、CFに挑戦して自分のやりたかったことを実現していく人たちをもっともっと増やしていきたいと思っています。

Q：地域オーナーに興味がある人にひとことお願いします。

渡邊：自分がサポートさせていただいたプロジェクトから誕生した場所の完成記念パーティーにご招待いただいたときのこと。パーティーの最後に披露された、完成までの足跡を辿る動画を、私はその場に来てくださったパトロンの皆さんと一緒に観ていました。

エンドロールでパトロンの方々のお名前が次から次へと流れ、本当にたくさんの方にご支援いただいたことを感動しながら眺めているうちに、お名前が最後まで流れて、「これで終わりかな?」と思ったとき、「……Special Thanks」と表示され、そこには私の名前がありました。準備も含めたら数か月もの間プロジェクトオーナーさんと一緒に走り続けてゴールを迎えたプロジェクト。この感動はきっと一生忘れないと思います。そんな素敵な仕事です。

2　FAAVO 北びわこオーナー：植田淳平さん（合同会社 Mdiart 代表社員）

Ｑ　：FAAVO 地域オーナーをする前にしていたことについて教えてください。

植田：滋賀県長浜市の地域振興策の企画立案、プロジェクトの実行（芸術文化がテーマ）、アーティストの取材、企画（https://an-life.jp/article/502）、インターネット企業で広告周り、ネットショップのコンサルティング等をしてきました。

Ｑ　：FAAVO の地域オーナーになった経緯は？

植田：５年前に長浜に移住してすぐの時に、ＣＦの協力をしてほしいという相談がありました。今まで補助金がなければ何もできなかったところで、主婦たちだけの力で資金を集めお店をオープンしたことが、街の空気を変えました（https://camp-fire.jp/projects/5694/）。

その感覚が楽しかったので本格的にやってみようと思いました。地域オーナーについて知ったきっかけは、偶然 campfire のサイトを見たところ、エリアオーナーの制度について書いてあったのを見つけてです。

Ｑ　：FAAVO 地域オーナーになって、やりたいと思ったことは何ですか？

植田：プロジェクトの見える化↓町の活性化。滋賀県内でＣＦといえば「植田さん」と言われるようになることが目標です。

Q：地域オーナーになって、よかったこと、以前とは変わったこと、気づいたことを教えてください。

植田：滋賀県内のCFで一定のポジションを獲得できたことがよかったです。大口の仕事に繋がりました。気づいたことは、プロジェクトに携わることで、その人の本気度がわかることです。

Q：FAAVO 地域オーナーとして活動してみて難しかったこと、今後の課題は？

植田：難しかったことは特にありません。今後の課題は、もっと多大なお金の流れをつくることが必要ではないかと思っています。地域プロジェクトでは多くても金額のアベレージは200〜500万円くらいです。インパクトを与えられるかといえば、実際は疑問です。認知度を上げ、支援文化の醸成をしていかなければと思います。

Q：地域オーナーの仕事として関わった印象的なプロジェクトについて。

植田：湖北きのもとに女性グループが集結！　みんなが主役の Bookcafe をつくり隊！（https://camp-fire.jp/Projects/5694/activities/12318）。

CFの可能性を知るきっかけになりました。最初にサポートしたプロジェクト（エリアオーナーではなかった。当時はボランティア）です。移住したばかりで信用をつくっていく段階だった私が、女性の口コミで一気に信用を獲得できたこと。

Q：地域オーナーとして今後やっていきたいことは？

植田：ＡＬＬ滋賀でプラットフォームをつくりたいです。滋賀の大手企業と起案者のマッチングギフト（READYFOR SDGs のような）を実現させたいです。またライターに多く支払えるように取材単価のアップ（7～10万円くらい）をしたいです。

Q　：地域オーナーに興味がある人にひとことお願いします。

植田：支援したことがなければ、まずは好きなプロジェクトに支援をしてみてください。そして自分でプロジェクトを立ち上げて達成させること。当事者の気持ちになってみないと、伝えられないと思います。

3　FAAVO 和歌山中央オーナー：奥田公康さん

Q　：FAAVO 地域オーナーをする前にしていたことについて教えてください。

奥田：飲食業に携わっています。

Q　：FAAVO の地域オーナーになった経緯は？

奥田：FAAVO 大阪代表の川辺さんと出会ったことがきっかけです。

Q　：FAAVO 地域オーナーになって、やりたいと思ったことは何ですか？

奥田：ＣＦで飲食業開業支援をしたいと思いました。

Q　：地域オーナーになって、よかったこと、以前とは変わったこと、気づいたことを教えてください。

奥田：様々な方たちのプロジェクトに携わることができたのが、よかったことです。

Ｑ：FAAVO 地域オーナーとして活動してみて難しかったこと、今後の課題は？

奥田：プロジェクトの募集の仕方が難しかったです。

Ｑ：地域オーナーの仕事として関わった印象的なプロジェクトについて。

奥田：子育てママも子連れで働けるキッチンを併設した「たすき食堂」をオープンさせたい!!

(https://camp-fire.jp/projects/view/177965)

自身のプロジェクトです。大変でしたが、ＣＦのよさも知ることができました。

Ｑ：地域オーナーとして今後やっていきたいことは？

奥田：プロジェクト終了後のフォローをしっかり行っていきたいです。

Ｑ：地域オーナーに興味がある人にひとことお願いします。

奥田：プロジェクトをフォローすることで、自身の成長に繋がります。また色々な方たちとの出会いも増え、自身の人脈形成にも繋がります。

4　FAAVO 京都中央オーナー：柿原泰宏さん

Ｑ：FAAVO 地域オーナーをする前にしていたことについて教えてください。

柿原：中小企業診断士として、また、自身が関わるＮＰＯ法人の活動の一環として、地域活動や観光による地域活性化の支援をしており、現在も継続して活動しています。

Ｑ　：FAAV0の地域オーナーになった経緯は？

柿原：FAAV0大阪の川辺さんとお会いして、お話を伺ったことがきっかけです。また、自身の仕事や活動でおいても、ＣＦは有用なツールであると考えていたこともその要因であったと思います。

Ｑ　：FAAV0地域オーナーになって、やりたいと思ったことは何ですか？

柿原：地域で頑張っている人を、地域の人間や地域を応援したい人と繋がりをつくって、応援する仕組みをつくりたい。

Ｑ　：地域オーナーになって、よかったこと、以前とは変わったこと、気づいたことを教えてください。

柿原：これまで関わることのできなかった色々な人たちと出会え、繋がりを持てるようになったことがよかったことです。

Ｑ　：FAAV0地域オーナーとして活動してみて難しかったこと、今後の課題は？

柿原：ビジネスとしてＣＦを考えると、なかなか難しいことがよくわかりました。

Ｑ　：地域オーナーとして今後やっていきたいことは？

柿原：地域での知名度、実績をつくり、より多くの人にＣＦを活用してもらえるプラットフォームにしていきたいです。

Ｑ　：地域オーナーに興味がある人にひとことお願いします。

柿原：やっていて非常に楽しいです。多くの人との関わりが生まれ、共感が得られることで、新しい何かが生まれるのを目の当たりにすることができるのがＣＦです。ぜひ、一緒に活動をしていきましょう。

5　FAAVO 名古屋栄オーナー：岡本ナオトさん

Ｑ　：FAAVO 地域オーナーをする前にしていたことについて教えてください。

岡本：高校時代までは野球三昧、大学では勉強もしつつ国際開発ＮＧＯで働きました。卒業後は化粧品メーカーに就職しましたが、３年で退社しベンチャーコンサルとして起業。２００９年に株式会社 R-pro 設立。

現在は、デザイン、防災、町づくり、スポーツ、ＣＦに携わっています。

Ｑ　：FAAVO の地域オーナーになった経緯は？

岡本：保守的な名古屋に「やってみよう！」というチャレンジ文化を醸成したいと思ったときに、twitter で CAMPFIRE LOCAL を見て家入君にリプライしました。

Ｑ　：地域オーナーになって、よかったこと、以前とは変わったこと、気づいたことを教えてください。

岡本：街の色々なチャレンジを知ることができて、具体的にチャレンジャーのサポートできるのがよい点です。

Ｑ　：FAAVO 地域オーナーとして活動してみて難しかったこと、今後の課題は？

岡本：熱量の低いプロジェクトオーナーや、ＳＮＳなどのフォロワーが少ない方のサポートは難しいですね。

Ｑ　：地域オーナーの仕事として関わった印象的なプロジェクトについて。

岡本：【ボルダリング×ゲストハウス】円頓寺商店街に「西アサヒ別館」つくります！（https://camp-fire.jp/projects/view/52810）。

　本当に１０００万集まったので感慨深かったです。プロジェクトオーナーの経営センスがあると集まりやすいと思います。

Ｑ　：地域オーナーとして今後やっていきたいことは？

岡本：ただ相談に乗るだけなら正直本部のオンラインで十分だと思っています。もっとプロジェクトオーナーにとってバリューの高い存在になること、つまりうちに相談すれば支援者が集まる仕組みをつくることが必達の課題だと思っています。

Ｑ　：地域オーナーに興味がある人にひとことお願いします。

岡本：儲けるより応援したい気持ちが強い方が向いていると思います。想いのある方にはオススメです。

6　愛知のアンバサダー：中尾将之さん

２０１８年１月よりクラファンサポート開始。２０１９年11月現在、携わったクラファンプロジェクトの総支援額は２８３３万円以上。

日本最大級クラファンコミュニティー Co-CrowdFunding 代表。応援し合う文化からの自発的に与え高め合う文化を創る株式会社 R-StartupStudio クラファン事業部。

Ｑ　：アンバサダーになる前は何をされていましたか？

中尾：自宅開業の整体師をしていました。

Ｑ　：アンバサダーになったきっかけは？

中尾：もともとＣＦのアドバイザーをしていたところ、知人から（株）パーシヴァルの川辺さんを紹介されました。

Ｑ　：アンバサダーで実現したいことは？

中尾：もっと横の繋がりを増やして、あらゆる種類のＣＦに対応していきたいです。

Ｑ　：アンバサダーになってよかったことは？

中尾：これまでＣＦのアドバイザーとして活動していたときよりも、CAMPFIRE とのやり取りがスムーズになって、とても助かっています。

Ｑ　：アンバサダーとして今後していきたいことは？

中尾：アンバサダーの仕事だけで生活できるくらいの収入がほしいです。ＣＦについてのセミナーを開催したいです。

Ｑ　：アンバサダーに興味がある人に一言

中尾：数年後にはＣＦバブルが来ると思うので、今のうちにアンバサダーになり、経験と実績を積むことをおすすめします。

7　大阪のアンバサダー：松本悦典さん

大阪の平野区で創業60年以上の金属塗装の工場の3代目経営者。２０１９年1月からＣＦアンバサダー就任。自らの工場の空きスペースを利用してカフェをオープン。その際にクラウドファンディングを使って、１０７万の資金を集め工事費用の一部にあてました（図表49）。

Ｑ　：アンバサダーになる前は何をされていましたか？

松本：金属塗装工場の経営者です。現在もです。

Ｑ：アンバサダーになったきっかけは？

松本：大阪で開催された川辺さんのＣＦについてのセミナーでアンバサダー制度を知り、やってみたいと思いました。

Ｑ：どんなことをしてみたいと思って、アンバサダーに応募しましたか？

松本：ＣＦをもっと多くの人に知ってもらい、挑戦者も増やしたいと思いました。

Ｑ：アンバサダーになってよかったことは？

松本：自分でもＣＦにチャレンジし、支援金を得ることができたこと。

Ｑ：アンバサダーとしての今後の課題は？

松本：もっと新しい案件を発掘して、ＣＦの実行者をサポートしたいです。

Ｑ：アンバサダーとして関わった印象的なプロジェクトは？

松本：アンバサダーとしてのプロジェクトではありませんが、ＣＦの実行者として、自分の工場の一部をカフェにするためのプロジェクトです。達成感も含めて得られた経験は大きかったと思います。

Ｑ：アンバサダーとして今後やっていきたいことは？

松本：ＣＦについて全く知識がない人でもできることを広めて、多くの人をサポートしたいです。

Ｑ：アンバサダーに興味がある人に一言

松本：まずは一緒にやってみましょう。やってみなければわからないことがたくさんあります。

8　北海道のアンバサダー：八幡英子さん

本業がＰＲプロデューサーのため、ＣＦに必須のＰＲ面でのサポートが得意。これまでアンバサダーとしてサポートしているプロジェクトは、すべて目標を達成している。プロジェクト作成をするためのヒアリング、ストーリー、ライティング、メディアへのプレスリリース送付なども行う。

Ｑ：アンバサダーになる前にしていたこと、今現在もしていることを教えてください。

八幡：ダイエット指導、ほめ育インストラクター、ディレクション、ＰＲプロデューサーなど多岐に渡ります。

Ｑ：アンバサダーになったきっかけは？

八幡：知り合いからの紹介。ＣＦをより詳しく知ったのは、CAMPFIREの山中直子さんの勉強会です。そこで、ＣＦにＰＲは必須だということがわかり、プロジェクトの起案者さまに何かお手伝いができるのではないかと思っていたときに、川辺さんを紹介いただきました。

Ｑ：アンバサダーになってやりたいと思ったことは？

八幡：アンバサダーになって、大好きなＰＲ面での仕事を増やしたいと思いました。

Ｑ　：アンバサダーとして活動してみて難しかったこと、今後の課題は？

八幡：ＣＦの目的を明確にすることと、ストーリーつくりの提案。サクセスした後の、ストレッチゴールに向けたモチベーション。（起案者さまに対して）

Ｑ　：アンバサダーの仕事で関わった印象的なプロジェクトは？

八幡：出版クラファン↓1週間の短い期間でモチベーションが下がらずに２００％近くまでいきました。

KODOMO 個展↓お父さんが子どもとの時間をつくるためにチャレンジ。支援者の方が影響を受け、クラファンのチャレンジすることが決まったこと。

Ｑ　：アンバサダーとして今後やっていきたいことは？

八幡：ＣＦの全体をプロデュースする、ＣＦコンサルタントの仕事をしていきたいです。ＣＦの説明会やセミナーを札幌で開催したいです。２０２０年度は、40名以上の起案者をサポートしたいです。

Ｑ　：アンバサダーに興味がある人に一言

八幡：人の応援が大好きな人には、ぴったりのお仕事です。諦めていたことに、チャレンジし始める人と出会うことができ、アンバサダー自身も元気や勇気をもらうことができます。

【図表 47　大阪のアンバサダー松本さんの事例】

大阪の町工場が創る最高傑作のカフェ

大阪中央　コミュニティ・場所づくり

集まっている金額
1,070,000円（目標 1,000,000円）
107%
達成率 **107**%　支援者数 **112**人　残り **終了しました**

同じエリアのプロジェクトを見る

このプロジェクトは成立しました！
本プロジェクトは2019年08月30日、合計1,070,000円を集め成立しました。

このプロジェクトは、All-In方式です。
目標金額の達成有無にかかわらず、プロジェクトの終了時点で集…が起案者に支払われます。

【図表 48　北海道のアンバサダー八幡さんの事例】

【札幌の19歳　学生チャレンジ】バトロワゲームQUICAL開発プロジェクト

SAKAstudio　ゲーム・サービス開発

北海道の学生が一人でゲームを作る！
バトロワFPSゲーム
開発プロジェクト
QUICAL

¥ 現在の支援総額
727,500円
242%
目標金額は300,000円

支援者数
62人

募集終了まで残り
8日

あとがき

私がクラウドファンディング（ＣＦ）と出会えたのは、常に変わっていく時代に対応していくために毎月定期的に地元で仲間たちと勉強会を継続して行ってきたからです。１人では限界があります。まずは自ら勉強し、出張して現地で情報を取ってきて、新しいことを学び、持ち帰り、仲間にシェアをする。自分が新しく学んだことを仲間に教えることで、更に自分の中で整理されて真に理解できます。情報も情報発信する人に集まってきます。常にそれを意識し、行動をしています。

今、クラウドファンディングが旬で盛り上がっていますが、次に来る新しいサービスの芽が出てきています。なので、常に勉強が必要です。私は今後も常に勉強という姿勢を変えることはないと思います。

例えば、今一番新しいITサービスで「bajji」というものがあります（https://bajji.life/）。

これはブロックチェーンを活用し、新しい電子名刺として次世代の評価サービスに成長すると思います。

どんどん、新しいモノ・サービスが誕生します。それを勉強し応援し、よい世の中をつくっていきたいと思います。

生きていくのは１人ではできません。助け合いが必要です。家族が一番大事です。長く生きてくるとよいときも悪いときも必ず訪れます。常に冷静に、感謝の気持ちを忘れず、これからも大変な時期を乗り越えてきた家族と仲間と友人と切磋琢磨していきたいです。

特に私の家族、父川辺康夫、兄川辺徹、弟川辺泰三、嫁川辺知恵とはどん底時代を一緒に乗り越えてきました。心より感謝しています。また会社では設立以来ずっと支えてくれている赤井繭さん、いつもありがとう。真田幸村スーツ（武将スーツ）の誕生は酒匂雄二なしでは考えられません。酒匂さん、新会社ユウキノイン設立おめでとう。今後もお互い頑張っていきましょう。

クラウドファンディングを活用して、よい世の中、よい日本をつくって行きましょう。最後まで読んでいただきありがとうございました。

川辺　友之

2020年5月

付録　クラウドファンディングで活用するワークシートなど

①タイトルとＴＯＰ画像（図表49）
②プロジェクト概要（図表50）
③プロジェクトの詳細（図表51）
④聞いてください、私のプロジェクトにかける思い！（図表52）
⑤今後のスケジュールなど（図表53）
⑥応援コメント（図表54）
⑦リターン品（図表55）
⑧クラウドファンディングスケジュール（図表56）

【図表 49　タイトルとＴＯＰ画像】

タイトルと TOP 画像

36 文字程度でインパクトのあるタイトルを作成ください。
ページのイメージを決めるものになります。

タイトル（36 文字程度でご記載ください）

プロジェクト概要（120 字以内）

何のためのクラウドファンディングなのか。一言で紹介をお願いします。

【目標金額】	円
【募集期間】	年　月　日～　年　月　日 ※最大 80 日実施可能 ※開始日・終了日は平日を推奨しております。 （土日祝日はアクセス数が減少傾向にあるため） ※ご入金は終了月の翌々月 5 日となります。
【募集方法】 選択する方を残して一方を削除してください。	All-or-Nothing （期間内に目標金額に達していなければ、集まった資金を受け取ることができません） All-In （すでに実施を確約できるプロジェクトで、目標金額に達していなくても支援金額を受け取ることが可能です。）

【図表 50　プロジェクト概要】

【プロジェクト概要】

プロジェクトをご覧になられる方に安心感を得ていただくため、あなたの自己紹介と、このクラウドファンディングで何をしたいかを簡単にご説明をお願いします。300 文字程度

あなたがこれまで何をされて来て、今は何をしているのか、

そして、このプロジェクトで何をされたいのか　など

見出し：

↓本文↓

【図表 51　プロジェクトの詳細】

【プロジェクトの詳細】

このプロジェクトの新しさや同様のプロジェクトと比べて特にアピールできると思う点を紹介して下さい！

見出し：

↓本文↓

【図表52　聞いてください、私のプロジェクトにかける思い！】

【プロジェクトにかける想い】

あなたのこのプロジェクトや地域にかける思いをお書き下さい。

やりたいと思ったきっかけ

クラウドファンディングに挑戦する理由　など

見出し：

↓本文↓

【図表53　今後のスケジュールなど】

【今後のスケジュールなど】

今回挑戦するプロジェクトの今後のスケジュールを教えてください。

いつ、どこで、どんなスケジュールでやるのか？

【集まった支援の用途とその内訳】

概算で構いませんが何にいくら必要なのかをご記入ください。

実際に必要な金額全体がいくらで、その内クラウドファンディングで集める費用がいくらという表記の方が共感を得やすいです。

【ユーザーに呼びかけましょう！】

最後にユーザーに呼びかけ、思いを伝えましょう！

【図表 54　応援コメント】

【応援コメント】

影響力のある方・説得力のある方からコメントをいただき、掲載してください。

（推奨 2〜3 人）Youtube などの動画でも構いません。

1 人目
2 人目
3 人目

【図表 55　リターン品】

目安として 10 種類ほどお考えください。

金額は 3,000 円～

同じ金額のコースも OK ！（3,000 円が 2 コース、5,000 円が 3 コースなど）

10 種類以上も OK ！

リターン品

3000円～　10種類ほどお考えください。 同じ金額のコースもOK！（3,000円が2コース、5,000円が3コースなど）10種類以上もOK！

見込み支援合計金額　¥0

	価格	お返し内容	お返し詳細説明 （チケットであれば有効期限やご利用方法など 商品であれば、サイズや内容）	お返し配送予定月 （○年○月）	限定数 （任意）	想定 ターゲット	想定 支援者数	見込み 支援者金額
例	¥3,000	お礼のメール ハリネズミの小さなポーチ レストラン割引券	スタッフ一同より感謝を込めたメールをお送りします。 鼻から尻尾まで10cm（チェーン除く）・幅5.5cm・高さ6cm・ファスナー9cm レストランでご利用いただける割引券をお送りします。 有効期限：○年○月○日	2017年5月 ！この表記のみとなります。		レストランリピーター	20	¥60,000
1								¥0
2								¥0
3								¥0
4								¥0
5								¥0
6								¥0
7								¥0
8								¥0
9								¥0
10								¥0

	価格	お返し内容	お返し詳細説明 （チケットであれば有効期限やご利用方法など 商品であれば、サイズや内容）	お返し配送予定月 （○年○月）	限定数 （任意）	想定 ターゲット	想定 支援者数	見込み 支援者金額
11								¥0
12								¥0
13								¥0
14								¥0
15								¥0
16								¥0
17								¥0
18								¥0
19								¥0
20								¥0

【申請承認】：１ヶ月

・プラットフォーム
（Makuake）
（キャンプファイヤー）
etc.
・関係企業

【プロジェクト実施】：１～２ヶ月程度

・活動レポートUP（１回/週程度）
・お客様とのコミュニケーション

・プロジェクト拡散
（インスタ、Twitterなど）
・メディア（プレスリリース）

【リターン】：１～２ヶ月程度

・支援者リストダウンロード
・リターン製作
・活動レポートUP
・御礼メッセージ
・リターン配送
・ストア販売（Makuake）

※プロジェクト終了の翌々月初旬入金

準備（予告）　プロジェクト拡散　リターン準備　リターン配送

担当者

月	月	月	月	月	月	月

【図表56　クラウドファンディングスケジュール】

クラウドファンディングプロジェクトスケジュール

【商品（イベント）企画開発】：２～６ヶ月程度

・作りたい商品、欲しい商品をイメージする。
・他商品とことなる「こだわり」は何か？
・支援（購入）ターゲット層を明確にする。
・リターンの価格帯をイメージする。
・デザインを考える。（類似品意匠調査）
・設計図、レシピ製作
・初期サンプルを製作する。
・販売価格を決定する。
・最終サンプルを製作する。

➡

【PP製作】：２～３ヶ月程度

・エントリーシート作成提出
・概要（下書き）を作成する。
・写真を撮る
・動画を撮る
・本ページを作成する。
・目標金額・リターンを決める。

➡

プロジェクト拡散

プロジェクト名　　　　　　　　　　実施者

項　目	月	月	月	月	月

著者略歴

川辺　友之（かわべ　ともゆき）

1971 年大阪市生まれ。慶應義塾大学経済学部卒業後、株式会社ダイエー入社。1998 年大阪谷町で家業の紳士服製造卸業を継承する。2001 年に大手得意先が倒産し、連鎖倒産の危機に陥ったが、ネット通販とクラウドファンディングを活用し再生させ『ナニワのダ・ヴィンチ』として新聞・雑誌・ＴＶ等に取り上げられる。
2007 年から、地元の中小企業経営者を集めての勉強会を開始し、クラウドファンディングと出会い、新ブランド「武将スーツ」を開発した。第一弾の「真田幸村スーツ」は全国のファンから約 250 万円の開発資金を集める。自らクラウドファンディングに挑戦した経験を基に、2018 年 5 月クラウドファンディングのコンサル会社、株式会社パーシヴァルを設立。6 年間で約 300 件のクラウドファンディングをプロデュースし、1 億円 3000 万円以上の資金調達実績。
株式会社パーシヴァル　代表取締役 CEO　大阪市中央区大手通 2-1-7-2 階
中小企業基盤整備機構 2020 年度実務支援アドバイザー
ホームページ：https://perceval.jp　メールアドレス：pr@perceval.jp

クラウドファンディングで人生が変わる！
６人の成功ストーリー

2020 年 6 月 18 日初版発行　2020 年 8 月 5 日第 2 刷発行

著　者　川辺　友之 ©Tomoyuki Kawabe
発行人　森　　忠順
発行所　株式会社 セルバ出版
〒 113-0034
東京都文京区湯島 1 丁目 12 番 6 号 高関ビル 5 B
☎ 03（5812）1178　FAX 03（5812）1188
https://seluba.co.jp/
発　売　株式会社 創英社／三省堂書店
〒 101-0051
東京都千代田区神田神保町 1 丁目 1 番地
☎ 03（3291）2295　FAX 03（3292）7687

印刷・製本　モリモト印刷株式会社

Printed in JAPAN
ISBN978-4-86367-587-2